はじめてでもすぐ実践できる！

中学・高校英語スピーキング指導

上山晋平

学陽書房

はじめに

　本書を手に取ってくださり、ありがとうございます。
　きっと、「生徒が英語を話せるようになる授業をしたい！」と願っていらっしゃる先生方だと思います。本書は、そうした方のお役に立てていただきたいと思い、スピーキング指導の工夫についてまとめたものです。
　本書では、すぐに活用できるスピーキング指導の考え方や基本的な工夫から、ディスカッションやディベートといった、少し発展的な活動までを幅広くご紹介し、実際に授業で活用したワークシートも掲載しています。具体的な記述に努めたので、中学校や高等学校の先生方だけでなく、小学校の先生方にも現場で役立てていただける内容だと思います。
　先生方は、悩みや迷いを抱えたまま授業をされているのではないでしょうか。たとえば、スピーキング指導だけでも悩みはつきません。

・生徒の英語力が十分ではないので、なかなか表現活動までいかない
・席を立って話す活動はクラス運営上課題がある（騒がしくなる）
・教科書を進めるのに手がいっぱいで、それ以上のプレゼンテーション（以下、プレゼン）やディスカッションなどを行ったり準備をしたりする時間がとれない
・生徒が即興で考えて話すのは難しい（事前の準備が必要）
・発表はできても、その後の質疑応答までできていない
・スピーキング活動の指導例がよく分からない

　これらについて考えられる取り組み方を本書では収録しています。
　ただし、現場の先生方は非常に忙しいので、短時間で読んで活用していただけるよう、次のような点に配慮して作成しました。

① **見開き2ページを基本とし、ポイントを簡潔に記述！**
② **実践に役立つワークシートや具体例を多数掲載！**
③ **スピーキング指導の考え方から実際の活動まで幅広く網羅！**

続いて、本書をお読みいただくにあたって全体像をお伝えいたします。全体のイメージを先につかんでいただいて、前からでも、気になった箇所からでもお読みいただけます。

　第1章は「導入編」です。
　スピーキング指導をするうえでの、新学習指導要領の「目標」や「活動」のポイントを確認します。

　第2章は、「スピーキング授業の極意編」です。
　スピーキング指導がうまくいく15個のコツを紹介します。たとえば、「スピーキングは立って行う」だけで生徒は集中して声も大きくなります（p.36参照）。他にも、授業を変えるポイントが満載ですので、ぜひお読みいただきたい章です。

　第3章は「活動編」です。
　ここでは、授業にスピーキングを取り入れる際に重要な3つの視点（p.68～73）、検定にも役立つ3タイプの鉄板スピーキング活動（p.86～91）、さらには［やり取り］や［発表］の力を高める効果的な活動など、今すぐ知りたいスピーキング活動についてご紹介します（全部で23の活動）。

　第4章は、スピーキングに関する「試験」や「評価」についてです。
　授業内容以外で、授業を変えるポイントを把握していただけます。

　それでは、さっそくスピーキング指導をパワーアップする旅にでかけましょう！

2018年7月

上山　晋平

CONTENTS

第1章　スピーキング授業に入る前に

- 01　スピーキングの「目標」── 新学習指導要領より ……………… 8
- 02　［やり取り］と［発表］の言語活動とは ………………………… 10
- 03　なぜ「英語で授業」が求められるのか？ ………………………… 12
- 04　「4技能（5領域）」の力をつける ── 背景はCEFR ……… 14
- **オススメ英語サイト①**　ABCニュースシャワー …………………………… 22

第2章　力をつけるスピーキング授業のコツ

▶ これだけは知っておきたい準備

- 01　なぜスピーキングが重要なのか？ …………………………… 24
- 02　アクティブな授業のために良い人間関係を築こう …………… 26
- 03　スピーキング指導3つのポイント …………………………… 28
- 04　スピーキング力を伸ばす「授業ルール」 …………………… 30
- 05　「英語で授業」を成功させるコツ …………………………… 32
- 06　教員も無理なく「英語を話す練習」をしよう ………………… 34

▶ 生徒が英語を話したくなる15のコツ

- 01　スピーキングは「立って」行おう …………………………… 36
- 02　活動中は「タイマー」で残り時間を見せよう ………………… 38
- 03　「議題は複数示して」選んでもらおう ………………………… 40
- 04　成果を「視覚化」して、頑張りを応援しよう ………………… 42
- 05　みんなで取り組むために「足場づくり」をしよう …………… 44
- 06　「4つの学習形態」を効果的に使おう ………………………… 46

07	パートナーと「席」を付けて活動しよう	48
08	「会話を続けるコツ」ニアシの法則を伝えよう	50
09	思い切って「えいやっ」とやってみよう	52
10	先輩の「動画」でモデルを見せよう	54
11	活動を「継続する」工夫をしよう	56
12	「全体発表」で表現力と度胸を鍛えよう	58
13	「パフォーマンステスト」をしよう	60
14	スピーキングにつながる「音読練習」を促そう	62
15	英語を口にする環境を整えよう ── ひとくち英語	64

オススメ英語サイト② Breaking English News ………… 66

第3章 すぐ実践できる! スピーキング活動

▶ スピーキングに重要な「3つの視点」

01	ゲーム感覚でできる! 帯学習編	68
02	すぐ取り組める! 教科書指導編	70
03	力がつく! 本文のリテリング編	72

▶ スピーキング力を高める5大練習メニュー

01	「30秒クイズ」で楽しく説明力を育成	74
02	グループクイズ形式で「What（who）am I?」	76
03	話し続ける力を鍛える「ワードカウンター」	80
04	「スキルメモ」を書いて表現力アップ	82
05	復習で創造力も育める「Create a story」	84

▶ 鉄板3タイプ

| 01 | 検定にも役立つ活動「自己表現」 | 86 |
| 02 | 検定にも役立つ活動「描写」 | 88 |

| 03 | 検定にも役立つ活動「主張」 ································· 90 |

▶ Q&Aを発展させる

| 01 | ①回答例を付ける　②読まずに話す ····················· 92 |
| 02 | ③絞って話す　④年度末検定 ······························· 94 |

▶「やり取りする力」を高める

01	ペアで「Chat」を続けよう ································· 96
02	多くの人とペア活動!「Sushi Rotation」················ 98
03	トピックを工夫する!「ディスカッション」············ 100
04	ポイント制の「トリオ・ディスカッション」············ 102
05	1試合2分でできる「ミニ・ディベート」··············· 104

▶「発表する力」を高める

01	誰もができる「ポスターセッション」···················· 106
02	活用場面が多い!「スキット」···························· 108
03	スピーキングに慣れる!「リテリング」·················· 112
04	プレゼン風に!「ショートプレゼンテーション」········ 114
05	学びを深める!「ICEモデル」 ······························ 116

オススメ英語サイト③　NHK World Radio Japan ············· 118

第4章　スピーキング力がつく！ 宿題、試験、評価

01	スピーキング授業と家庭学習のリンク ··················· 120
02	スピーキング授業と検定試験のリンク ··················· 122
03	効果絶大！ パフォーマンス評価 ························· 124
04	評価が簡単に！ ルーブリック評価 ······················· 126

オススメ英語サイト④　E-CAT ································· 128

第1章

スピーキング授業に入る前に

授業の前に

01 スピーキングの「目標」
—— 新学習指導要領より

■「話すこと」が［やり取り］と［発表］に細分化

　中学校の外国語新学習指導要領（2017年3月公示）での大きな変化の1つは、4技能が「5領域」となったことです（この5領域区分はCEFR：ヨーロッパ言語共通参照枠の分類等を参考にしています）。

　「話すこと」が［やり取り］interactionと［発表］productionの2つに細分化されたのです。「話すこと」の技能が今まで以上に重要視されるようになったからだといえます。

　これらは、次のような活動に相当する能力の伸長を目指しています。
　［やり取り］……即興的な会話やディスカッション、ディベートなど
　［発表］……スピーチやプレゼンテーションなど
　それぞれの目標はどう示されているか、見てみましょう。

■［やり取り］と［発表］、それぞれの目標は？

　「話すこと［やり取り］」の目標は、次の3つです。

（下線は引用者）

ア	関心のある事柄について、簡単な語句や文を用いて<u>即興で伝え合う</u>ことができるようにする
イ	日常的な話題について、事実や自分の考え、気持ちなどを<u>整理</u>し、簡単な語句や文を用いて<u>伝え</u>たり、相手からの質問に<u>答え</u>たりすることができるようにする
ウ	社会的な話題に関して<u>聞いたり読んだり</u>したことについて、考えたことや感じたこと、その理由などを、簡単な語句や文を用いて<u>述べ合う</u>ことができるようにする

目標ア〜ウでポイントとなる部分を見てみましょう。
- ア……「即興で伝え合う」(原稿を覚えたり練習したりせずに)
- イ……「伝える」「応答できる」「整理」(項目の精選、適切な順序)
- ウ……「社会的な話題」(他の領域の言語活動と関連)

これらが「言語活動の高度化」における代表的な切り口になります。

続いて、「話すこと[発表]」の目標を見てみましょう。次の3つです。

(下線は引用者)

ア	関心のある事柄について、簡単な語句や文を用いて<u>即興で話す</u>ことができるようにする
イ	日常的な話題について、事実や自分の考え、気持ちなどを<u>整理</u>し、簡単な語句や文を用いて<u>まとまりのある内容</u>を話すことができるようにする
ウ	<u>社会的な話題</u>に関して聞いたり読んだりしたことについて、考えたことや感じたこと、その理由などを、簡単な語句や文を用いて<u>話す</u>ことができるようにする

以下、それぞれのポイントです。
- ア……「即興で話す」(双方向でなく、聞き手に対して一方向で)
- イ……「整理」(内容や展開等)と「まとまりのある内容」(内容に一貫性のあるスピーチ等)
- ウ……「社会的な話題」(他の領域の言語活動と関連)

▎[やり取り]と[発表]、2つの目標の共通点は？

[やり取り]と[発表]の目標を比較すると、共通点が2つあります。
① 「即興で」という言葉
話す内容をあまり準備せずに「えいやっ」と話してみる活動も必要
② 「社会的な話題に関して」という言葉
日常的な話題に加え「社会的な話題」について話す活動も必要

各目標をどの程度実践しているか、振り返れたらと思います。

授業の前に
02 [やり取り]と[発表]の言語活動とは

　「話すこと」は先ほど見たように[やり取り]と[発表]に細分化されました。では、それぞれの言語活動は、新学習指導要領でどう示されたでしょうか。見てみましょう。

■「話すこと[やり取り]」の言語活動は？

　「話すこと[やり取り]」の言語活動には次の3つがあります。

(下線は引用者)

ア	関心のある事柄について、相手からの質問に対し、その場で適切に応答したり、関連する質問をしたりして、互いに<u>会話を継続する</u>活動
イ	日常的な話題について、伝えようとする内容を<u>整理し</u>、自分で作成したメモなどを活用しながら相手と口頭で伝え合う活動
ウ	社会的な話題に関して<u>聞いたり読んだり</u>したことから把握した内容に基づき、読み取ったことや感じたこと、考えたことなどを<u>伝えた上で</u>、相手からの質問に対して適切に<u>応答</u>したり自ら<u>質問し返し</u>たりする活動

　言語活動ア～ウのポイントを見てみましょう。

- **言語活動ア（目標アに関連）**

　「即興で（その場で）」会話を継続・発展させる活動です。話を続けるには、「聞き返し、確認」「質問には答え＋αで返す（2文以上）」「相づちを打つ（Oh, I see.）」「質問をする」などの指導が有効です（p.50参照）。

- **言語活動イ（目標イに関連）**

　まとまった内容を伝えた上で、関連する質問に応答・聞き返しなどを基にやり取りする活動です。即興で話を伝える「橋渡し」として、考え

る時間をとったり、「メモ」を用いたりすることが示されています（整理）。
- **言語活動ウ（目標ウに関連）**
　聞いたり読んだりした社会的な内容を話題とし、お互いに質問・応答し合いながら、ペアやグループ等で多様な考え方や立場を共有する活動です。「聞くこと」や「読むこと」と「話すこと」を関連付けた活動です。

「話すこと［発表］」の言語活動は？

次に、「話すこと［発表］」の言語活動です。

（下線は引用者）

ア	関心のある事柄について、<u>その場で考えを整理して口頭で説明する</u>活動
イ	日常的な話題について、事実や自分の考え、気持ちなどをまとめ、<u>簡単なスピーチ</u>をする活動
ウ	社会的な話題に関して<u>聞いたり読んだり</u>したことから把握した内容に基づき、自分で作成した<u>メモ</u>などを活用しながら口頭で<u>要約</u>したり、自分の考えや気持ちなどを<u>話し</u>たりする活動

同様に、言語活動ア〜ウのポイントです。
- **言語活動のア（目標アに関連）**
　学校行事や日常の出来事などを、その場で（原稿や練習なしに）伝えたい内容や考えなどをまとめて説明する活動です。
- **言語活動のイ（目標イに関連）**
　学校生活や趣味などの身近な話題について、順番や展開、構成を考えて、メモなどに整理して「簡単なスピーチ」をする活動です。
- **言語活動ウ（目標ウに関連）**
　「社会的な話題」（環境問題や人権問題など）に関して聞いたり読んだりして得た知識や情報をメモした上で、内容を要約したり、自分の考えや気持ちを話したりする、複数の領域を統合して行う活動です。

　これらの活動の実践例については、第3章で詳しく紹介します。

授業の前に

03 なぜ「英語で授業」が求められるのか？

■「英語で授業」のねらいは？

「授業は英語で行うことを基本とする」という学習指導要領の文言は、高校では2009年、中学校では2017年の改訂で入りました。

では、「英語で授業」のねらいは何でしょうか。中学校の新学習指導要領によると、次の2つとされています。
① 生徒が授業の中で「英語に触れる機会」を充実する
② 授業全体を英語を使った「実際のコミュニケーションの場面」とする

それぞれを英単語1語でまとめると、①のねらいはexposure（接すること、触れること）、②はexperience（経験）といえます。これら2つのねらいを頭に入れておくと、授業で工夫する際にも使えます。

新学習指導要領（解説）によると、「英語で授業」の規定は、（日本語での文法説明や和訳などでなく、）**英語を使って互いの考えや気持ちを伝え合うなどの言語活動（コミュニケーション）を行うことを授業の中心に据えること**、を意味しているようです。

■「英語で授業」を実現するには？

「英語で授業」をするときには、以下のことを意識すると、生徒も抵抗感なく授業に参加できるでしょう。
・生徒の理解の程度に応じた英語を用いる
・挨拶や指示を英語で伝える教室英語を使用するだけでなく、説明や発問、課題の提示などを生徒の分かる英語で話しかける

- 発話の速度や明瞭さを調整する
- 使う語句や文などをより平易なもので言い直したり、繰り返したり具体的な例を提示したりする

実際にやってみて感じた効果

「基本的に英語で授業」を実際にやってみると、私自身、実践前に比べてそのことを肯定的にとらえられるようになりました。次の理由からです。

- 最初は（生徒が理解できるか）不安だったが、生徒はすぐに慣れた
- （目的に照らして）生徒が授業中に英語を使う場面が多くなった
- 教師も英語を積極的に使おうとすることで、教師自身のスピーキング力が伸びた（教室英語の使用やリテリングなどの活動の準備を通して）
- 英語で話すと生徒の顔が上がりやすくなった（日本語での指示の場合には顔が下がっている生徒でも集中して話を聞こうとする）

「英語で授業」のポイント

「授業は英語で行うことを基本とする」のポイントを挙げてみます。

- ねらいは、「英語に触れる機会」exposure と「実際のコミュニケーションの場面」experience であることを頭に入れておく
- 上記の趣旨を踏まえた授業展開であれば、必要に応じて補助的に日本語を用いることも考えられる（中学校学習指導要領解説 外国語編）
  たとえば、「複雑な説明」や活動や取り組みの「趣旨説明」などは、必要に応じて日本語でもよいと考えます。
- 「授業のどの部分を英語でするか」と考えるよりは、「授業のどの部分は日本語でする必要があるのか」を先に考えて、「それ以外を英語でやってみる」と考えるほうが英語を増やす授業に変えやすい
- 「授業の8割は英語でやってみよう」と決めて始めるのもよい
  32ページでは、「英語で授業」の取り組み方の一例をご紹介します。

授業の前に 04 「4技能（5領域）」の力をつける —— 背景はCEFR

なぜ「英語4技能（5領域）」か

　文部科学省は英語4技能評価の導入を検討する際に、「センター試験」の役割と課題を整理し、センター試験の課題を次のように指摘しています。
- リーディング、リスニングの2技能しか評価できていない
- 4技能を問う工夫がなされてきたが、「発音・アクセントを問う問題」や、「会話文において単語を並べ替える問題」など、受験生はスピーキング・ライティングの能力を「間接的」に問う問題への対応が必要となり、4技能の修得が進んでいない

　こうした課題を受けて、「4技能を直接評価することが必要」とされています。（出典「大学入学共通テストにおける英語試験について」平成30年2月10日文部科学省資料より）
　4技能評価は、「指導と評価の一体化」を進めることにつながるでしょう。**つまり、テストや入試の直前でも生徒は4技能の練習を行い、「長めの英文を読んで（聞いて）正しく概要や要点をつかむ」「論理的に話す（書く）」など、実際のコミュニケーションの場での運用に近づくわけです。**

CEFR（セファール）に基づいた英語力強化のイメージ

　認定試験活用の参考となるよう、CEFRの段階別成績表示による対照表が提示されています。今後は、「小中高大の異校種同士の相互理解や連携」「目標の整合性」「使うことに重点を置いて生徒が主体的に学び続けること」への活用などが期待されています。

資料の紹介

次のページから、今後の実践において重要となる3つの資料を掲載します（文部科学省作成）。
資料①「英語教育の抜本的強化のイメージ」（p.16～17）
資料②「外国語の学習・教授・評価のためのヨーロッパ共通参照枠（CEFR）について」（p.18）
資料③「各試験団体のデータによるCEFRとの対応関係」（p.20）

以下、それぞれポイントをまとめて紹介します。

1. 中学・高校で一貫した目標となる

「何ができるようになるか」という観点から、国際基準（CEFR）を参考に、小・中・高を通じた4技能・5領域（「聞く」「話す［やり取り］」「話す［発表］」「読む」「書く」）別に目標を設定します。

2. 語彙数が大幅に増加する

現在と今後を比較すると次のように語彙数が大幅に増加します。

	現在	今後	増加数
高等学校	3000語	4000～5000語	＋1000～2000語
中学校	1200語	1600～1800語	＋400～600語
小学校	（掲載なし）	600～700語	

3. 外部テストの活用が広がる

各種外部テストとCEFRとの対照表により、それぞれ別のテストで得たスコアがCEFRでは何に当たるのかを一覧にすることにより、同じ基準で評価をしようとしています。

外部テストは、大学入試などでの活用も広がっています。

資料① 英語教育の抜本的強化のイメージ

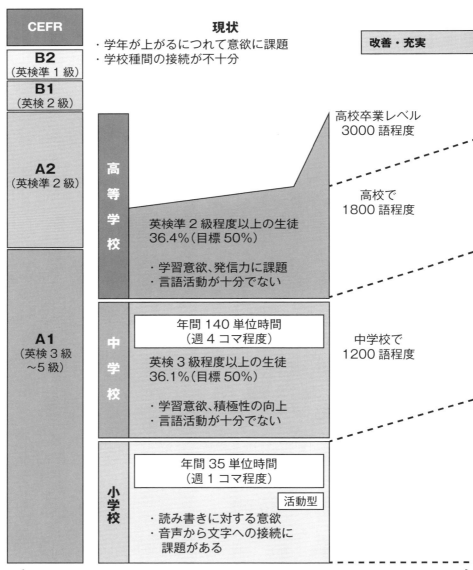

新たな外国語教育

「何が出来るようになるか」という観点から、国際基準（CEFR※）を参考に、小・中・高等学校を通じた5つの領域（「聞くこと」「読むこと」「話すこと（やり取り・発表）」「書くこと」）別の目標を設定

高校卒業レベル 4000〜5000語程度

高等学校
- **5領域を総合的に扱う科目群**として「英語コミュニケーションⅠ・Ⅱ・Ⅲ」を、**発信力を高める科目群**として「論理・表現Ⅰ・Ⅱ・Ⅲ」を設定
- 授業は外国語で行うことを基本とする（前回改訂より）

高校で 1800〜2500語程度

中学校

年間140単位時間（週4コマ程度）
- お互いの考えや気持ちなどを外国語で伝え合う**対話的な活動を重視**
- 具体的な課題を設定するなどして、学習した語彙、表現などを**実際に活用する言語活動を充実**
- **授業は外国語**で行うことを基本とする

中学校で 1600〜1800語程度

小学校

○5・6年（**教科型**）　年間70単位時間（**週2コマ程度**）
- 段階的に「読むこと」「書くこと」を加える
- 指導の系統性を確保（15分程度の短時間学習の活用等を含めた弾力的な時間割編成も可能）

○3・4年（**活動型**）　年間35単位時間（**週1コマ程度**）
- 「聞くこと」「話すこと（やり取り・発表）」を中心とする
- 外国語に慣れ親しませ、学習への動機付けを高める

小学校で 600〜700語程度

（出典）「英語教育の抜本的強化のイメージ」
（文部科学省初等中等教育局国際教育課　外国語教育推進室）

資料② 外国語の学習・教授・評価のためのヨーロッパ共通参照枠（CEFR）について

■ CEFR (Common European Framework of Reference for Languages: Learning, teaching, assessment：外国語の学習、教授、評価のためのヨーロッパ共通参照枠) について

CEFRは、語学シラバスやカリキュラムの手引きの作成、学習指導教材の編集、外国語運用能力の評価のために、透明性が高く、分かりやすい、包括的な基盤を提供するものとして、20年以上にわたる研究を経て、2001年に欧州評議会が発表した。CEFRが示している6段階の共通参照レベルの記述は次のとおり。

熟練した 言語使用者	C2	聞いたり読んだりした、ほぼ全てのものを容易に理解できる。いろいろな話し言葉や書き言葉から得た情報をまとめ、根拠も論点も一貫した方法で再構築できる。自然に、流暢かつ正確に自己表現ができる。
	C1	いろいろな種類の高度な内容のかなり長い文章を理解して、含意を把握できる。言葉を探しているという印象を与えずに、流暢に、また自然に自己表現ができる。社会生活を営むため、また学問上や職業上の目的で、言葉を柔軟かつ効果的に用いることができる。複雑な話題について明確で、しっかりとした構成の、詳細な文章を作ることができる。
自立した 言語使用者	B2	自分の専門分野の技術的な議論も含めて、抽象的な話題でも具体的な話題でも、複雑な文章の主要な内容を理解できる。母語話者とはお互いに緊張しないで普通にやり取りができるくらい流暢かつ自然である。幅広い話題について明確で詳細な文章を作ることができる。
	B1	仕事、学校、娯楽などで普段出会うような身近な話題について、標準的な話し方であれば、主要な点を理解できる。その言葉が話されている地域にいるときに起こるだろう、たいていの事態に対処することができる。身近な話題や個人的に関心のある話題について、筋の通った簡単な文章を作ることができる。
基礎段階の 言語使用者	A2	ごく基本的な表現や家族情報、買い物、地元の地理、仕事など、直接的関係がある領域に関しては、文やよく使われる表現が理解できる。簡単で日常的な範囲なら、身近で日常の事柄について、単純で直接的な情報交換に応じることができる。
	A1	具体的な欲求を満足させるための、よく使われる日常的な表現と基本的な言い回しは理解し、用いることができる。自分や他人を紹介することができ、住んでいるところや、誰と知り合いであるか、持ち物などの個人的情報について、質問をしたり、答えたりすることができる。相手がゆっくり、はっきりと話して、助けが得られるならば、簡単なやり取りをすることができる。

（出典）ブリティッシュ・カウンシル、ケンブリッジ大学英語検定機構

各資格・検定試験とCEFRとの対照表

文部科学省（平成30年3月）

CEFR	ケンブリッジ英語検定	実用英語技能検定 1級-3級	GTEC Advanced Basic Core CBT	IELTS	TEAP	TEAP CBT	TOEFL iBT	TOEIC L&R/ TOEIC S&W
C2	230–200 (230)(210) C2 Proficiency			9.0–8.5				
C1	199–180 (190)(180)	3299–2600 (3299)(2630)	1400–1350 (1400)	8.0–7.0	400–375	800	120–95	1990–1845
B2	179–160 (170)(160) C1 Advanced	2599–2300 (2599)(2304)	1349–1190 (1280)	6.5–5.5	374–309	795–600	94–72	1840–1560
B1	159–140 (150)(140) B2 First	2299–1950 (2299)(1980)	1189–960 (1080)	5.0–4.0	308–225	595–420	71–42	1555–1150
A2	139–120 (130)(120) B1 Preliminary	1949–1700 (1949)(1728)	959–690 (840)		224–135	415–235		1145–625
A1	119–100 (110)(100) A2 Key	1699–1400 (1699)(1456)	689–270 (270)					620–320

各級CEFR算出範囲 / は各級合格スコア

○ 表中の数値は各資格・検定試験の定める試験結果のスコアを指す。スコアの記載がない欄は、各資格・検定試験においてCEFRとの対照関係に対応する能力を有していると認定できないことを意味する。
※ ケンブリッジ英語検定、実用英語技能検定及びGTEC CBTは複数の試験から構成されており、それぞれの試験がCEFRとの対照関係として測定できる能力の範囲が定められている。当該範囲を下回った場合にはCEFRの判定は行わず、当該範囲を上回った場合には当該範囲の上限に位置付けられているCEFRの判定が行われる。
※ TOEIC L&R/ TOEIC S&Wについては、TOEIC S&Wのスコアを2.5倍にして合算したスコアで判定する。
※ 障害等のある受検生について、一部技能を免除する場合等があるが、そういった場合のCEFRの対照関係については、各資格・検定試験実施主体において公表予定。

第1章　スピーキング授業に入る前に　19

資料③ **各試験団体のデータによるCEFRとの対応関係**

■ **資格・検定試験とCEFRとの対応関係について**

CEFRにおいては、各レベルに相当する能力を技能ごとに記述したディスクリプタ（※）が整理されている。資格・検定試験結果をCEFRに関連付ける際には、欧州評議会で定めるルールに則り、資格・検定試験の目的・設計を前提として、その同定に正答に至るために必要な能力とディスクリプタなどの関係について専門家による検証による各言語のレベル、技能別に行うことができる言語によるコミュニケーション活動を記述したもの。

※ ディスクリプタとは、「私は～できる」といった形でCEFRができる各言語のレベル、技能別に行うことができる言語によるコミュニケーション活動を記述したもの。

■ **各試験の検証体制、検証方法等の概要**

※ 各資格・検定試験の実施団体からの報告を文部科学省においてまとめ

資格・検定試験の名称	各試験の検証体制、検証方法等の概要 （各URLは、検証方法やスコアの詳細が分かる資料等に掲載）
ケンブリッジ英語検定 A2 Key/for Schools B1 Preliminary/for Schools B2 First/for Schools C1 Advanced C2 Proficiency	○ スピーキングの検証には、CEFRとの共通スケールを開発する2年間プロジェクトの一環で、ライティング及びスピーキングの採点経験が豊富な専門家60名が参加。 ○ スピーキング及びライティングについてはAnalytical Judgement法（典型的及びボーダーラインにあると分類された受検生のパフォーマンスについて、CEFRの閾値を判定する方法）で行われたCEFRの閾値と各試験で設定しているCEFR閾値との間に高い一致が見られた。 ○ リーディング及びリスニングはアイテムバンクシステム（全テスト問題が紐付いているスケールに一貫して関連付けられることを保証する問題作成方法）を用いて出題。 http://www.cambridgeenglish.org/jp/exams-and-tests/cefr/（CEFRとの関係、スコアの詳細が分かる資料12～13ページ） http://www.cambridgeenglish.org/images/23156-research-notes-37.pdf（スピーキングの検証） http://www.cambridgeenglish.org/images/23166-research-notes-49.pdf（ライティングの検証）
実用英語技能検定	○ 検証には中学・高校・大学において英語指導の経験があり、英検の試験概要に理解が深い専門家が各技能12～13名参加。 ○ リーディング及びリスニングはBasket法（問題毎に正等に正解するために最低限必要なCEFRレベルを判定する方法）及びModified Angoff法（CEFRレベルに最低限該当する受検者などの程度正解できるかを判定する方法）、スピーキングはBody of work法（各受検者の解答を能力順に並べて、CEFRレベルを判定する方法）、ライティングはContrasting group法（各級の4技能それぞれにCEFR閾値を設定。4技能それぞれの閾値を合計することにより4技能総合のCEFR閾値を設定したページ）を用い、標準設定の範囲を調整し、CEFR判定範囲を設定することによりCEFR閾値を設定。 http://www.eiken.or.jp/group/result/（CEFRと英検CSEスコアの関係性が掲載されたページ） https://www.eiken.or.jp/cse/（CEFRと英検CSEスコアの関係が掲載されたページ）
GTEC	○ 検証には東京外国語大学を中心とした研究者を6名と（一財）進学基準研究機構が参加。 ○ リーディング及びリスニングはBookmark法（問題を難易度順に並べ、CEFRの各レベルに最低限該当する問題を正等に正解できるかを判定する方法）及びContrasting-group法を使用して4技能それぞれにCEFR閾値を設定。スピーキング及びライティングはContrasting-group法を使用して4技能それぞれにCEFR閾値を設定。4技能それぞれの閾値を合計することにより4技能総合のCEFR閾値を設定。 http://cees.or.jp/act_report.html（CEFRとGTECとの関係性が掲載されたページ） http://cees.or.jp/pdf/reports/2017/Standard_Setting_Report.pdf（CEFRとGTECとの関係性が示した資料）

20

試験	内容
IELTS	○検証には外国語として英語教育を指導する教員でかつ問題作成者と試験官としての経験も持つ19名が参加。リーディング及びリスニングはYes-No法、CEFR各レベルに最低限該当する受験者が各問題に正解できるかを判定する方法。スピーキング及びライティングはA modified Analytical Judgement法(各受験者の解答パターン法に典型的なCEFRボーダーラインにいる受検者を特定する方法)を採用。英語試験との妥当性の検証も実施し、4技能それぞれのCEFR閾値を平均することにより4技能総合のCEFR閾値を設定。4技能それぞれのCEFR閾値の関係性を示した資料 (CEFRとIELTSの関係性-framework) https://www.ielts.org/ielts-for-organisations/common-european-framework
TEAP (PBT)	○検証には大学教員、問題作成経験者、採点者経験者等からなる専門家13名が参加。リーディング及びリスニングはBookmark法、スピーキング及びライティングはContrasting group法を使用。4技能それぞれのCEFR閾値を設定。他英語試験との相関検証等も踏まえ、4技能それぞれのCEFR閾値を合計することにより4技能総合のCEFR閾値を設定。(CEFRとTEAPタスクとの関係性が掲載されたページ) https://www.eiken.or.jp/teap/merit/index.html / (CEFRとTEAPとの関係性が掲載されたページ)
TEAP CBT	○検証には大学教員、テスト開発担当者、面接官等からなる各技能12名、全体で21名が参加。リーディング及びリスニングはYes-No法、スピーキング及びライティングはBookmark法を使用。4技能それぞれのCEFR閾値を設定。他英語試験との相関検証も踏まえ、4技能それぞれのCEFR閾値を合計することにより4技能総合のCEFR閾値を設定。(CEFRとTEAP CBTとの関係性が掲載されたページ) https://www.eiken.or.jp/teap/cbt/construct/ (CEFRとTEAP CBTとの関係性が掲載されたページ)
TOEFL iBT	○検証にはCEFRに精通するヨーロッパ16か国の言語教授法、英語試験の専門家等23名が参加。リーディング及びリスニングはModified Angoff法、スピーキング及びライティングはModified examinee paper selection法(各受検者の解答を基にCEFR閾値を特定する方法)を採用して4技能それぞれにCEFR閾値を設定。4技能それぞれのCEFR閾値を合計することにより4技能総合のCEFR閾値を設定。標準誤差の範囲を調整することにより4技能総合のCEFR閾値を設定。https://www.ets.org/toefl/institutions/scores/compare/ (TOEFL iBTテストスコアとCEFRとの関連性 / ETS Webサイト) https://www.cieej.or.jp/toefl/cefr.pdf (TOEFL iBTテストスコアのCEFRマッピングに関して / CIEE作成資料)
TOEIC L&R / TOEIC S&W	○検証にはCEFRに精通するヨーロッパ10か国の言語スペシャリスト(英語教授法、英語試験の専門家等)22名が参加。リーディング及びリスニングはModified Angoff法、スピーキング及びライティングはModified examinee paper selection法を使用して4技能それぞれにCEFR閾値を設定。スピーキング及びライティングの閾値を2.5倍にした上で4技能それぞれの閾値を合計することにより4技能総合のCEFR閾値を設定。http://www.iibc-global.org/toeic/official_data/toeic_cefr.html (CEFRとの関係に関する情報・資料を集約したページ) http://www.iibc-global.org/library/default/toeic/official_data/toeic/mapping_cefr.pdf (ETSによる検証内容・結果を記したリサーチレポートの日本語概略)

第1章 スピーキング授業に入る前に

オススメ英語サイト①

ABCニュースシャワー

英語の授業や家庭学習で使えるウェブサイトやアプリを紹介します。第1回目は、「ABCニュースシャワー」です。
「ABCニュースシャワー」で検索できます。
http://www6.nhk.or.jp/kokusaihoudou/abcns/index.html

　アメリカ・ABC「ワールドニュース・トゥナイト」のニュースをもとに、日本語での解説を加えた、5分間のミニ番組です。
　この番組の良さは、5分という短さと、ニュース内容に関する解説があること、英語の字幕のある・なしでニュースが聞けるなど、とても便利なつくりになっていることです。
　準備いらずで、世界情勢の最新情報を知ることができ、さらにリスニング力もアップできるという、英語の授業でも自宅での学習用にも大変役立つ番組です。
　ABCニュースシャワーは、次のような内容が5分間で流れます。
① ニュースの内容について日本語で解説がなされる
②「英語字幕付き」でニュースが流れる（話される英語が分かる）
③「日本語字幕付き」で同じニュースが流れる（意味が分かる）
④「字幕なし」で同じニュースが流れる（けっこう聞こえる）
⑤ 番組の英語キーワードの解説がなされる（勉強になる）
⑥ もう一度、英語字幕付きのニュースが流れる（再確認できる）
　ぜひ、一度お聞きください。生徒にも紹介しやすく、教員としても聞き続けたい番組です。

第2章

力をつける
スピーキング授業のコツ

これだけは知っておきたい準備

01 なぜスピーキングが重要なのか？

▌なぜスピーキングが重要なのか？

　新学習指導要領では、4技能・5領域のコミュニケーションを図る資質・能力を「総合的」に育成するとされています。この「総合的」とは、「バランスよく」という意味であり、特定の技能（領域）に「偏らない」ということです。

　では、バランスよく技能を伸ばすために、とくにスピーキングが重要になるのはなぜでしょうか。

　それは、スピーキングは読み、書き、聞く能力を支えている技能だからです。

　米原幸大先生・晴山陽一先生の『Ｊアプローチ』にも、スピーキングの重要性について以下のように述べられています。

> （前略）読む、書く、聞く、話す、そしてグラマーはバラバラに存在しているわけではありません。私たちの母語である日本語を習得した経緯を考えてみれば分かりやすくなりますが、言語は音声言語がプライマリーで文字言語はその音声言語の上に乗っているにすぎません。言葉とは音なのです。音声言語の中でもスピーキングは圧倒的に重要です。（後略）

　スピーキングを重点的に指導することによって、他の技能の力も自然と身についていきます。

本章で紹介するスピーキングのコツ

　本章では、さまざまなスピーキング授業のコツを紹介します。
　これから紹介するコツは、生徒への授業だけでなく、先生方への研修や英語のセミナーなどでも活用して紹介させていただいているものです。
　これら15のコツには生徒が力を伸ばすのに大切な要素が含まれていて、生徒が確実に変わるからです。そのいくつかをご紹介します。
コツ①　「立って」活動をする（p.36）
　立つだけで活動は活性化します。声が出やすくなり、ジェスチャーもしやすくなるからです。日常生活でのスピーキング場面に近づきます。
コツ③　「議題は複数示して」選んでもらう（p.40）
　他でもそうですが、人は「やれ」と言われたものをやるときよりも、「自分で決めた」ときの方が、やる気は高まるものです。自分で選んで決めると、責任をもって活動に取り組みます。選択権を渡しましょう。
コツ④　成果を「視覚化」する（p.42）
コツ⑪　活動を「継続する」（p.56）
　④の「視覚化」と⑪の「継続」の共通点は、生徒が活動を継続する仕組みづくりの大切さです。何事もそうですが、1つの技能を伸ばすために継続は欠かせません。続けると、活動が自然になり、伸びてきます。

実は生徒は、英語を話したがっている！

　生徒がスピーキングにあまり慣れていない場合は、教師自身が実施するのを難しく感じてしまったり、クラス運営上どうしようかなと悩んでしまったりすることもあるかもしれません。
　ただ、実際に「えいやっ」と思い切ってやってみると、予想以上に生徒は英語を話してくれて驚きます。**「生徒は英語を話したがっている」**、そして**「生徒は思ったよりも英語を話せる」**ことにきっと気づかれるでしょう。

> これだけは
> 知っておきたい準備

02 アクティブな授業のために良い人間関係を築こう

▌アクティブな英語授業には良い人間関係が不可欠

　指導がすばらしいと言われる先生が教えても、同じ学年で「授業がうまくいくクラス」と「うまくいかないクラス」があるといいます。なぜでしょうか。

　その答えは、「教師力に関する公式」にあります。私は教師力を、次のように考えています。

　　「教師力」＝熱意×指導力×人間力（人間関係）

　教師には、「熱意」や「指導力」だけでなく「人間力」、とくに「生徒との人間関係」が重要ということです。生徒との人間関係は授業に直結するのです。

　では、生徒との人間関係をどうつくっていけばよいのでしょうか。

▌生徒との人間関係づくりのカギは？

　生徒と良い人間関係を築くカギは、生徒目線で考えてみることにあります。たとえば生徒は、どのような先生を良い先生と思っているでしょうか。以下は、アンケートから分かったことです。

- 「自分にはできないことができる」という尊敬できる先生
- 「自分のことを気にかけてくれる」「自分が（以前）できなかったことをできるようにしてくれる」という信頼できる先生
- 「授業が楽しい」「自分をやる気にさせてくれる」といったモチベーションをあげてくれる先生
- 勉強やスポーツだけでなく、「多様な物差しで評価してくれる」先生（努

力、貢献、主体性や思いやりなど)
- 「人との比較ではなく、自分の良さを認めてくれる」先生
- 「自分のことを信頼して、期待し続けてくれる」先生　など
ときには生徒側の視点で自分の言動を振り返るのもよいようです。

「生徒指導の3機能」を意識した授業を

　生徒の関係の育成には「生徒指導の3機能」を生かした授業づくりも重要です。生徒指導の3機能とは、次の3つのことをいいます。
　①「自己決定」　②「自己存在感」　③「共感的人間関係」
　この3つを授業の各場面で意識します。

①「自己決定」では……
　ルールや責任のとれる範囲内で自分の行動を選択する機会を与えます。たとえば、生徒同士が話し合ってルールや課題を決めるなどです。
　こうした「自己選択・自己決定」は、「自己責任」を生じさせます(p.41参照)。行動に責任をもたせることにもつながります。

②「自己存在感(自尊感情)」では……
　生徒が頑張る場面や役割を与えプラスの評価をする、「自分は価値ある存在だ」と実感する場面をつくる、教室を温かい雰囲気にする、などです。
　たとえば、生徒と目を合わせて話をしたり、発表で良い点を中心に学び合ったり、提出物に生徒の変化を記したコメントを書く、などです。

③「共感的人間関係」では……
　人間関係をつくるため、「全員が参加し全員が成長する授業」を目指す、生徒の努力を心から喜ぶ、自らの失敗談で自己開示をする、などです。
　生徒と良い関係を築きつつ良い授業を目指せたらと思います。
　なお、生徒指導の3機能については、『生徒指導提要』(文部科学省)という冊子が具体例も豊富で参考になります。

> これだけは
> 知っておきたい準備

03 スピーキング指導
3つのポイント

▍スピーキング指導を軌道に乗せるポイント

ポイントは次の3つにまとめられます。

1.「英語を話したい」「話せたらかっこいい」と願っている生徒は多い

生徒に「4技能（5領域）のうちでどの力を伸ばしたい？」と聞くと、多くの生徒が「スピーキング力」と答えます。

「英語を話したい」「話せたらかっこいい」と考えている生徒は多いのです。スピーキング指導の大切さが分かります。

2. スピーキングが苦手な生徒の原因は何か？

生徒が英語を話せない原因は何でしょうか。

- 話すための英語力がない（文法力を含む）
- 英語を話せる人間関係になっていない（発話が恥ずかしい）
- 話す内容がない（意見の表明に慣れていない）

これらの原因を取り除く努力も授業では必要になってきます。

3. ふだんの授業に一工夫して「小さな話す活動」を継続して行う

　スピーキング力のアップには、大きな活動を時々行うよりも、同じような活動を継続することが大切です。ちょうど部活のような感じです。ふだんの授業で「小さな話す活動」を継続するコツを挙げてみます。

ア　教師自身の英語の発話量を振り返る（自分が生徒のモデル）

　教室で教師が使う英語は、生徒にとって「こんな言い方もできるのか」「今の単語はどういう意味かな」というモデル model やソース source となります。

イ　人前で話すことに慣れてもらう

　一斉音読のような「教師対生徒たち」（T-Ss）の関係だけではなく、「個」（S1）が全体の前で発表するような機会も必要です。

ウ　魔法の言葉は Talk with your partner.

　全体に発問をした後で、このセリフを言うと、生徒は全ペアが一斉に相手に尋ね合います。活動量の豊富さを生み出すことができるセリフです。

エ　英作文で止めない。英作文はスピーチ原稿として活用する

　単元末などに自由英作文を書く場合があります。その際は、英作文を書いて終わらず、その後にスピーチの機会を設けることにより、生徒にとっては英作文がスピーチ原稿づくりと位置づけられます。

オ　スピーキング中の「間違い」に対処する

　阿野幸一先生（文教大学教授）は次の3つを指摘されています（大修館『英語教育』2016年11月号）。

- 複数の生徒に「共通の誤り」error があれば、クラス全体で共有して修正する
- 知識としては持っているが犯してしまう間違い mistake は気にしすぎない（使いながら徐々に精度を高めていく）
- 間違いは習得へのステップになっている（第二言語習得理論の知見）

これだけは知っておきたい準備

04 スピーキング力を伸ばす「授業ルール」

英語授業で「大切にしたいこと」をルール化する

　授業で大切にしたい共通の約束事や標語は「授業ルール」として明記しおくと、お互いに意識して取り組みやすくなります。

　授業ルールは、教師と生徒の発達段階に応じて変わるので、意識せずともできる状態になれば、あえてルール化する必要はないでしょう。

　英語授業で大切にしたい考えをいくつか挙げてみます。

Help each other.	お互い助け合おう
Learn from others.	他者から学び合おう
Learn a lot and use a lot.	たくさん学んでたくさん使おう
Express your ideas.	自分の思いや提案を積極的に発信しよう。そして創造力や表現力伸長につなげよう
Think creatively.	理解・暗記だけでなく、創造的に思考しよう（異なるもの同士の「比較」や新しいものを「提案」）
Don't worry about small mistakes.	細かなミスを気にしすぎずに英語を話そう。英会話は自分が伝えたいことの３割が伝わればOKと考えると、ミスを気にせずに積極的に話せる

　これらの言葉を、ペアやグループワークの際に、教師から語りかけたり、生徒に確認させたりして、活動を始めるとよいでしょう。

左ページ以外にも、be動詞でまとめて短く標語にすることもできます。

Be helpful.	手助けし合おう
Be friendly.	仲良くしよう
Be active.	主体的に動こう
Be creative.	考えて何かを創造しよう
Be ambitious.	挑戦心をもって活動しよう

また、グループワークでは次のようなルールも考えられます。

みんなが意見を出して貢献する	一部の人だけが頑張るのではない
教科学習の話をする	私語は避けよう
「楽しかった」「良かった」と言える内容にする	話をして意義のある時間にしよう
主体的・対話的で深い学びを目指す	自ら、人と関わって、学びを広く、深くしよう

授業ルールの導入の仕方

　ルールの定着には時間がかかります。ポイントは、次の通りです。
① 4月の授業開き（第1回目の授業）に導入する
　これは、持ちあがり学年の場合も同様です。大切なことは繰り返すのが、徹底するためのポイントです。
② 一度導入しただけでは定着しない
　標語をカードにするなどして、スピーキング活動の際に何度も確認するなどして定着を図ることが大切です。

これだけは知っておきたい準備

05 「英語で授業」を成功させるコツ

教室で英語を使う機会を増やすときの留意点

12ページで見た「英語で授業」の2つの目的を覚えていますか。exposure（英語に触れる）とexperience（コミュニケーションの場）でした。

これらを意識して、教室で英語を使う機会を増やすときの留意点として、
① 教室英語関連本にある「すべての表現」をマスターする必要はない
②（必要に応じて書籍の表現を参照しつつ）「自分」の授業でよく行う活動で使う表現を書き出す（そしてそれらを授業で使ってみる）

の2点が挙げられます。

「授業」でよく使う表現を書き出すこと

一例として、私自身の授業でよく行う活動を取り上げ（p.56～57参照）、その活動内でよく使う英語フレーズを挙げてみました。

なお、『現場で使える教室英語』（三修社、CD付）は活動別に表現がまとめてあり、とくに参考になります。

■主な授業構成とよく使う表現リスト

	学習活動	主な教室英語
1	リテリング	☐ （開始）Let's have a short presentation in pairs. Speak about the summary you've read so far and add something new. ☐ （順番決め）Do janken with your partners. Winners go first. ☐ （代表発表）I'll choose one student from cards at random to make a presentation in front. （終了後）Talk with your partners about good points of his (her) performance.
2	目標・最終議題（ディスカッション）の確認	☐ （目標）Now, look at today's aims. ☐ （議題確認）You have 2 discussion topics. Keep these topics in mind during today's class. You will discuss them at the end.
3	新出語句	☐ （自力発音）Pronounce new words by yourself before practicing with others. ☐ （リピート）Repeat please.
4	リスニング	☐ （TF）You have 2 TF questions. Listen to the CD once and answer TF questions.
5	リーディング	☐ （TF根拠探し）Read the passage silently to find the answers of TF questions. ☐ （QA/Summary等）You have 6 minutes to complete all of the reading questions.
6	文法・語法確認・英作文	☐ （語法・文法）Let's check important phrases and grammar points. ☐ （口頭英作）I will say Japanese sentences. Please make them in English.
7	ディスカッションの準備	☐ （音読）Let's read this section aloud. ☐ （準備）Prepare for the final discussion for 3 minutes. You can read the text again and take some notes for the discussion topics.
8	ディスカッション	☐ （開始）Let's have discussion in pairs. You have 2 minutes.
9	振り返り・次への見通し	☐ （振り返り）Reflect on today's class and make some notes on your reflection sheet. ☐ （家庭練習）At home, review this section and practice retelling for next class.

> これだけは知っておきたい準備

06 教員も無理なく「英語を話す練習」をしよう

通勤中と授業中に英語力アップ!

「英語で授業を行いましょう」と言われても「そんなに自分の英語に自信がないなぁ」とか「もっと自分の英語力が高かったらなぁ」と思われる先生方は(私を含めて)多いのではないでしょうか。

だからといって、忙しい毎日の中から、自分の英語力アップのためだけに練習時間を捻出するのは至難の業。そこで、自身の英語の練習を「日常生活」に取り込んでみてはいかがでしょうか。

題して、「英語力アップ」と「英語で英語授業」の二兎追い作戦です。

作戦1　通勤中に教科書CDで練習する

勤務時間中はなかなか英語の練習時間をとれない方も、車での通勤中の時間は使えるかもしれません。車内で英語の練習ができます(ただし、どうぞ安全には気をつけて)。

教科書本文や単語を収録した音声CDを使った次のような練習です。

● **新出単語の発音練習**

まずは単語練習から。自分では正しく発音できる(はず)と思っている新出単語の発音を、念のためCDを聞いて再確認します。

すると自分の間違いに気づくこともあるでしょう。これは、昔、先輩から教わった「教員は(無意識でも)授業で間違いを教えてはいけない」という言葉の実践です。

● **本文の音読練習**

続いて本文練習です。オーバーラッピングやシャドーイングをして、

発音やイントネーションまで忠実にまねできるように練習をします。
● リテリング練習
　CDを止めて、聞いた内容を自分の言葉で再現するリテリング練習も役立ちます。本文に関する自分の意見を付け加えて話すことで、即興力も高まりますし、授業中にオーラルインタラクションやリテリングをする場合にも役立ちます。

作戦2　授業中に英語を話す（練習する）

「英語は使うほどうまくなる」のは教師も同様です。
　そこで、自分自身も積極的に授業中に英語を使います。そしてこれを「自分が英語を話す練習でもある」と考えてみるのです。
　ただし、授業は教師の英語の披露の場ではありません。
　大切なのは、生徒自身が英語をたくさん浴びて（exposure）、たくさん使う経験をする（experience）ことです（p.12参照）。
　これを野球の練習に例えるなら、選手の打撃力を上げたいなら、監督ばかりがバッティング練習をしていてはいけないということです。

> 生徒が英語を話したくなる15のコツ

01 スピーキングは「立って」行おう

▎座ったままのスピーキング活動だと？

　生徒が座ったままスピーキング活動をすることはありませんか。

　私も以前は座ったまま活動をさせることが多かったです。それは、授業中に何度も立ったり座ったりさせるのは生徒に申し訳ないという思いがあったからです。

　しかし、この「優しさ」が生徒のためになっていなかったということに、私はある研修会で気づくのです。

▎座ってスピーキングをすると集中できない!?

　その研修会では、私たち教員が生徒役として、座ってスピーキング活動を行う場面と、立って行う場面の両方を体験できました。

　座ってスピーキング活動をしているときは、私はペアの人と英語で話をしつつも、実は他にも次のようなことをしていました。

・講師の先生の指示やスライドの文言をノートにメモする
・自分の気づきをノートにメモする

　つまり、スピーキング活動に集中していなかったわけです。座っているといろいろなことに目が行き、実際にすることができるのです。これでは、なかなか力はつきません。

立ってスピーキングをすると集中できる!?

　先ほどの研修会では、「座って」活動をした後に「立って」スピーキングを行いました。するとどうでしょう。私の心境は大きく変化しました。
（立つ前）（立つのは）めんどくさいなぁ（と思っていたのに）
（立った後）集中してやろう（と前向きになった）

　つまり、最初は立つことにある種の「めんどうくささ」を感じていたのに、いったん立ってしまうと、スピーキング活動に集中していたのです。
　これは、先ほどの「座ったまま」スピーキングの練習をしている「ふり」をして、同時に別のことをしていた姿とは大違いです。
　スピーキングは、立って行うだけでも活動に集中できるのです。

立ってスピーキングをするメリットは？

　スピーキングは立って行う、これだけでも大きな効果が生まれることは分かっていただけたと思います。
　実際に授業でやってみると、生徒はすぐに慣れてきます。「スピーキングは立って行うものだ」という感覚が芽生えてくるようです。
　立って行うスピーキングは、他にも次のようなメリットがあります。
・ジェスチャーを付けて話しやすい
・対面になって相手の顔を見ながら話をしやすい

> 生徒が英語を
> 話したくなる15のコツ

02 活動中は「タイマー」で残り時間を見せよう

▍どんなタイマーを使っていますか？

「アクティブ・ラーニング」という言葉の拡がりとともに、各教科の授業でタイマーを使われる先生方が増えてきたように思います。皆さんは授業中、どのようなタイマーを使っていますか。
・キッチンタイマー
・ストップウォッチ
・パソコンでスクリーンにタイマーを掲示
・部活動で使う大型タイマー
などなど、いろいろなタイプが使われているかと思います。

▍小さなタイマーの弱点とは？

ここで考えてみたいのは、一般的に多く使われているであろう、キッチンタイマーやストップウォッチなどの「小型」のタイマーです。

小さなタイマーには弱点があります。それは、「生徒に残り時間が見えない」ということです。

たとえば、グループワークで活動時間を「3分間」と伝えて活動を始めたとしましょう。活動中の生徒からは残り時間は見えないので、終了のタイマーは急に鳴ることになります。体験してみると分かるのですが、これはあまり心地がよいものではありません。

それまでせっかく集中して取り組んでいたのに、タイマーで「急に」活動を断たれる感じがするのです。学習を強制終了された感じです。

この課題を解決するためには、次の2つの方策が有効です。

大型タイマーのメリットは？

　先の課題に対する方策の１つ目は、生徒に見える「大型のタイマー」を使うことです。
　おススメはMolten（モルテン）のタイマーです（製品番号はUD0010）。

　インターネットサイトでは16000円くらいで販売されています。（もう少し小型のスズキスクールタイマーは5000〜7000円。）
　大型タイマーを使うことによるメリットは、次の通りです。

視認性——教室のどこからでも残り時間がよく見える
継続性——電池ではなく電源で動く。そのため長期的に使いやすい

　方策の２つ目は、「残り時間を口頭で伝える」ことです。
　いくら大型のタイマーを掲示しても、生徒が活動に集中していると残り時間は目に入りません。
　そこで残り時間（30秒前、10秒前など）を生徒に口頭で伝えてあげるのです。そうすると、生徒は時間内に活動を終了することができ、急に活動を断たれるようなマイナスの感覚を避けることができます（ソフトランディング）。

生徒が英語を話したくなる15のコツ

03 「議題は複数示して」選んでもらおう

よくあるスピーキングの風景

　授業中、スピーキング活動をするときによくあるのが、先生がスピーキングの議題を「1つ」だけ与えて、生徒がそれについて話すことです。
　例）High school students should have part-time jobs.
　これは、もう少し工夫するだけで、スピーキングの活動をさらに活性化することができます。それは、「議題を複数提示して生徒に好きなほうを選んでもらう」ことです。これだけで生徒のやる気はアップします。次のようにします。

議題を複数提示する

① 先生は、次のようにスピーキングの議題を2つ板書する
　A）High school students should have part-time jobs.
　B）School lunch is better than boxed lunch.
② 2問のうち、好きな方をペアで選んで決めるよう指示する
　　We have two speaking topics today. Talk with your partners and decide to talk about A or B.
　生徒はペアでワイワイ相談しながら、話したいトピックを決めます。
たったこれだけのことですが、「与えられた1題について話す」ときより、「好きなほうを選んで話す」ときのほうが、生徒のやる気は高まります。
自分たちで選んだから頑張ろうとなるのです。「自己選択・自己決定は自己責任に通じる」のです（中嶋洋一先生（関西外国語大学）からの学び）。
　さらに「自分たちで選ぶ」方式には、隠れたメリットもあります。そ

れは、「やらない」という選択肢が自然になくなることです。

　思春期の中学生や高校生ですから、ときには活動を「したくない」と思う生徒もいるでしょう。しかし、自分たちでAかBかを選ぶという行為によって、「やらない」という選択肢が自動的になくなるのです。

自己決定理論から学ぶ

　ここまで見てきた、「スピーキングの議題は複数提示して選んでもらう」という方式は、「自己決定理論」というものに基づいています。

　自己決定理論とは、アメリカの心理学者のデシ（E. L. Deci）という人が構築した理論に沿って、簡単にいうと、「自分からやりたくなる環境が一番その人の能力を発揮できる」というものです。

　この理論によると、内発的動機付けの源は、次の3つとされています。

自律性 Autonomy：自律的でありたい（自己決定したい）
有能感 Competence：有能でありたい
関係性 Connecting：周囲の人と温かい関係を持っていたい

　「自律性」とは、人は「強制」ではなく、自分で行動を選び（自己決定）、主体的な役割を果たしたいという欲求です。先の「議題を複数提示して選択してもらう」という方法は、この①に関連しています。

　「有能感」とは、人には、自分が能力を発揮できる、周囲に影響を及ぼすことで自信を持ちたい、という欲求があるということです。

　「関連性」とは、周囲の人と温かい人間関係をもちたいという欲求です。シラけた関係の中では頑張ることはできません。

　この①～③は授業づくりに大いに役立ちます。覚えやすい日本語でまとめると「選べる・できる・つながっている」となり、英語にすると、We want to be autonomous, competent, and connected. といえるでしょう。

> 生徒が英語を
> 話したくなる15のコツ

04 成果を「視覚化」して、頑張りを応援しよう

▍スピーキングの伸びが見えにくいのは？

　スピーキングは、他の3技能（聴く、読む、書く）に比べて成長度（伸び）が見えにくいと思われてきました。なぜでしょうか。

　理由の1つは、「評価項目がはっきりしない」ことです。たとえば、「発音」や「伝え方」などは伸びが分かりやすい一方、「内容」や「構成」などは一見、伸びたかどうか分かりにくいものです。

▍活動や目標を数値化する

　そこで、「活動や目標、成果の数値化」に取り組んでみます。**「時間」「語数」「工夫の数」などは数値化しやすく、やる気につながります。**

1. 指示に「時間」を入れてみる

　ある話題についてペアで英会話をする場面です。
① （これまで）「ペアでこの話題について話してみましょう」
② （これから）「ペアでこの話題について1分間話してみましょう」

　②の指示では「1分間」という言葉が入っています。1分間と伝えたら、生徒が見える大型のタイマーなどで時間をカウントダウンします（p.38～39参照）。活動中の生徒は、時間が見えないこともあるので、区切りのところで口頭でも伝えてあげます（**30 seconds、10 more seconds** など）。

　こうすると、生徒は、どれだけ話し続ければよいのか分かり、取り組みやすくなります。途中で「もうやめようかな」と思う生徒も、タイマー

を見て「あと10秒か」と分かれば、最後まで話し続けようとします。

　この指示は、1 minite chat、2 minite chat、3 minite chatなどの活動でも使えるので、各学年の目標にもしやすいと思います（たとえば、中1は1分間、中2は2分間、中3は3分間チャットができる、など）。

2．指示に「語数」を入れてみる

　スピーキングの活動に革命を起こしたのは、81ページにある「ワードカウンター」です。相手の「発話語数」を数えるという簡単な仕組みにより、数値にしにくかった「流暢さ」の伸びが見えやすくなったのです。

① （これまで）「ペアでこの話題について1分間話してみましょう」
② （これから）「ペアでこの話題について1分間話してみましょう。相手の発話語数を数えてあげてください。75WPMを超えるとより自然な英語に聞こえます。自己ベスト目指してがんばろう」

※WPM…words per minute（1分あたりの（発話）語数）

　発話語数を数えられるだけで、話し手は頑張って英語を話し続けようとします。ワードカウンターはまさに「魔法の紙」です。

3．指示に「工夫の数」を入れてみる

　たとえば、「伝え方」をうまくしてほしい場面を取り上げてみます。
① （これまで）「できるだけ聞き手を話に巻き込んでみましょう」
② （これから）「できるだけ聞き手を話に巻き込んでみましょう。巻き込みの工夫を1分間で2つ以上入れてみましょう」

　巻き込みの工夫には、「問いかけ」「抑揚」「感情を込めて」などがあります。それらを毎回工夫して使い、双方向の発表を目指すのです。

> 生徒が英語を話したくなる15のコツ

05 みんなで取り組むために「足場づくり」をしよう

基本は「即興でやり取りする力」をつけること

　スピーキングでは、「発話力」と「対話力」を意識して身につけさせましょう。ここでは「発話力」とは、英語を一方的に話し続ける力のことで、「対話力」とは、即興で他の人と双方向にやり取りする力だとします。

　この「発話力」（一方向）と「対話力」（双方向）を習熟度の異なる「生徒全員」につけるには、すべての生徒が成長できる工夫が必要です。

　そのためには、生徒の発達段階や議題の難易度に応じて「足場づくり／足場かけ」scaffoldingをすることが有効です。足場づくりとは、生徒のつまずきやとまどいを手助けするサポートやアドバイスのことです。いくつか例を見てみましょう。

教科書本文のリテリングに役立つ「リテリングカード」

　教科書本文を口頭でリテリングする活動では、「何も見ないでも話せる」のが理想ですが、生徒の活動をよく観察すると、しっかり準備をしていた生徒でさえも頭が真っ白になって話せなくなってしまうことがあります。

　その状態を避けるためには、「リテリングカード」が有効です。生徒は、必要に応じて話しながらカードを参照できます。作り方です。

① **セクションの内容に関連した「画像」を貼る**
② **画像の下に、各セクションの「キーワード」を載せる**

　これらの単語は、生徒が話す内容を思い出すきっかけになります。ただし、やり方に自由度をもたせるために、「キーワードは使っても使わ

なくてもよい」「使う際は順番を替えてもよい」とするとよいでしょう。

Retelling Card（L.5）		
Section①	Section②	Section③
☐1.8 billion children ☐130 million ☐Brazil, India, the Philippines ☐go to school ☐poor	☐people living in garbage ☐scavengers ☐small houses ☐garbage ☐collect / sell	☐work ☐help their families ☐500 yen a day ☐can't count money ☐cheat

スピーキング前に「キーワードをメモ」する時間を

　即興スピーチは、英語が苦手な生徒には難しいこともあるでしょう。
　そこで、（必要に応じて）スピーキングの前に1〜2分間、自分が話すときに使うキーワードをメモする時間をとります。辞書があれば、和英辞書で言いたい単語を読んで引かせておくこともできます。
　たとえば、Have you ever done any volunteer work? という題のときのメモは、Yes, camping, elementary school students, 4 days……などです。

　メモすることで、いきなり話すよりも内容のある話ができます。
　さらには、このメモを参考にして「英作文」を書かせてからスピーチをさせると「即興英作文＆スピーチ」になり、ライティングとスピーキングの両方の力をアップさせることができます。そのときは、英作文を見ずに話してみると、スピーチに近いチャレンジングな活動になります。

> 生徒が英語を
> 話したくなる15のコツ

06 「4つの学習形態」を効果的に使おう

4つの学習形態の特徴とは？

　英語授業で使われる学習形態は主に4つあります。「個別」「一斉」「ペアワーク」「グループワーク」です。
　ペアワークやグループワークの効果や方法は、授業開きの際に伝えて練習をしておくとよいでしょう（ペアワークは3秒で、グループワークは5秒で席を付けることができるなど）。
　さらに、これらの学習形態はそれぞれ特徴（メリット・デメリット）が異なるので、それらを把握しておくと、授業中、瞬時に最適の方法を選ぶことができます。特徴を右ページにまとめましたので、参考にしてください。

短時間で「ペア替え」する方法

　授業では、目的・内容に合わせていろいろな学習形態を活用します。
　たとえば、「同じ」話す活動でもペアを替えることで「新鮮み」をもって練習に臨むことができます（繰り返しは生徒の習熟度のアップに有効）。
　短時間でペアを替えるには、次のような方法があります。

① 横の2列を1セットと見なし、その中で1つずつ（時計回り、反時計回り）席をずれる（教材を持って次の席に移動する）
② ある列とある列をそっくりそのまま入れ替える（移動する）
③ ネームカードを使う（p.59参照）。引いたカードの人の席に移動する

〈4つの学習形態の特徴〉

① 個別	② 一斉
○メリット	○メリット
・自分のペースで学習可能	・同じことを短時間で伝達できる ・騒がしくなりにくい
×デメリット	×デメリット
・進度がバラバラになりがち	・受け身になりやすい 　（聞くだけ） ・発話量が少ない
③ ペア	④ グループ
○メリット	○メリット
・活動（発話）量が増える ・話しやすい 　（相手が近くにいるため）	・多様な意見・情報が出る ・楽しい雰囲気になる
×デメリット	×デメリット
・発話が適切かどうかは不明 ・別の話をしやすい	・何もしない人が出やすい ・騒々しくなりやすい

07 パートナーと「席」を付けて活動しよう

ペアワークを機能させる座席とは？

　英語授業を参観させていただいて気づくのは、授業でのペアワークのやり方にはいろいろあるということです。先生方は、ペアやグループワークをするときは、下の①〜④のどれを主に使っていらっしゃいますか。

① ペアの人と席は離れたままで「顔だけ」相手に向けて話をする
② ペアの人と席は離れたままで「椅子ごと」相手に向けて話をする
③ ペアの人と「席を横」に付けて話をする
④ ペアの人と「席を正面」に付けて話をする

これら①〜④は、どれかが優れているというものではなくて、目的に応じてどれもメリット・デメリットがあります。
　たとえば、一斉授業中心に進める授業では、少しだけペアで話をする場面があるのなら①になるでしょうし、より相手を意識させたコミュニケーションにするには②がよいでしょう。
　ただし、頻繁にペアワークの機会があるのなら、席は③や④のように、ペア同士で付けてしまうほうがよいことが多いでしょう。
　隣と離れている場合のペアワークは、少ない回数なら生徒も頑張ってくれるのですが、何回もするとやらなくなる生徒も出てきます。距離が離れていてペアワークをめんどうくさく感じてしまうからです。
　そこで、③や④のようにペア同士の席を付けておく方法があります。先生の指示は簡単です。
③なら、Put your desks together, side by side.
④なら、Put your desks together, face to face.

席は「横」に付けるか「正面」に付けるか

　先ほどの③と④のやり方のように、ペア同士で机を付けておく場合、③の「横」と、④の「正面」はどう使い分けたらよいでしょうか。
　③の「横付け」を選ぶのは、次のような場面で便利です。
・お互いのノートや解答を見せ合う
・黒板を見る
　何かを見せ合う場合は、③のほうがやりやすいです。

　一方、④の「正面付け」をするのは、次のような場面で便利です。
・面接の練習やスピーキングをする
・音読練習をする
　正面を向いているほうが、相手に対する対人意識は高まります。

　各形態の特徴を知り、自分の活動に合うスタイルを臨機応変に活用するとよいでしょう。

生徒が英語を話したくなる15のコツ

08 「会話を続けるコツ」ニアシの法則を伝えよう

英会話を続ける「ニアシの法則」とは

　授業では教科書の内容を学習するだけでなく、これまでの学びを生かして英語を使って即興で話し続ける活動も取り入れたいものです。会話を継続・発展させる活動は、10ページの言語活動アに相当するものです。
　会話を継続するには、「継続のさせ方のコツ」の指導が効果的です。
継続のコツはたくさんありますが、とくに「2文で答える」「相づち」「質問」の3つは効果的で、日本語で会話をするときにも役立ちます。
　これらの語頭をまとめて「ニアシの法則」と呼ぶと覚えやすくなります。

指導の手順

　帯学習として「1分間」会話を続ける練習をします。そのときに、1つずつ「会話を続けるコツ」を指導します（右ページ参照）。
　例）1時間目：「2文で答える」　2時間目：「相づち」　3時間目：「質問」

指導のポイント

① 少しずつ長い時間即興的な会話ができるようにするには、ペアを替えるなどして、同じテーマを何回か繰り返すのが効果的です。
② チャットの指導は、「前回学んだコツの復習」をしてから、「新しいコツ」を学ぶと定着しやすくなります。

会話を続ける3つのコツ　～ニアシの法則～

■1　会話を続ける3つのワザ

□①　2文で答える　（答えは1文で終わらない。もう1文「新情報」を付け足す）
□②　相づち　（「へぇ」、「すごい」、「楽しかったね」などの相づちを入れると会話促進）
□③　質問　（質問すると，どんどん会話が発展します）

（1）会話を続ける3つのワザ　その①「2文で答える」

A: Do you like baseball?
B: Yes, I do.　I like the Hiroshima Carp.　「新情報」を付け足す。
（質問には2文で答えると，話が発展して続きやすくなる。）

【ポイント】Yes,Noの後に，関係する新情報を1文プラスすると，会話が続きやすい。

（2）会話を続ける3つのワザ　その②「相づち」

（「へぇ」、「すごい」、「楽しかったね」などの相づちを入れると会話が進みやすい。）

□ Really?　□ I see.　□ That's great.　□ That's too bad.　□ Pardon?
□ It was fun.（□interesting ／□good　□difficult　□delicious）

【ポイント】会話中に使う相づちには，どんなものがあるか考えてみよう。

（3）会話を続ける3つのワザ　その③「質問」

（相手に質問するから，どんどん会話が発展する。）

□　How about you？　□　When?　□　Where?　□How?　□How long?
□　And then?　□What else do you play?　□Who with?

【ポイント】相手に尋ねたい疑問文を出す。疑問詞だけでも質問できる。

■2　ピンチ！会話が続かない状況に使える「キツワ」の技！

□①　「聞き返し」　□Pardon?　□Sorry?　□You like what?　□Where?(部分的に聞き返す)
□②　「つなぎ言葉」□Well,　□Um,　□Let me see,　□Er　＊「3秒以上沈黙しない」
□③　「話題を変える」どうしても話題が尽きたときは，困ったときの，By the way.

【ポイント】会話が止まったらどうすればいいか，学んだ方法を1つずつ練習し効果を実感する。

■3　チェックリスト

□①「ニアシの法則」（「2文で答える」「相づち」「質問」）は使えるようになりましたか。
□②2人で何分間，英語を話し続けられるか，時間を計測してやってみましょう。

生徒が英語を話したくなる15のコツ

09 思い切って「えいやっ」とやってみよう

スピーキング力アップを阻害する要因は

「英語を話せるようになりたい」と思いながらも、生徒のスピーキング力があまり伸びない原因は何でしょうか。
・日常生活で英語を使う環境にない
・入試にスピーキングがない
・授業でスピーキングを扱う時間が少ない
・そもそも日本語と英語は（言語距離が）大きく異なり習得は難しい

こうした理由は書籍にも書いてありますし、私自身も長い間そう思ってきました。ただ、最近は少し違う考えを抱くようになりました。それは、「スピーキングは練習すれば伸びる！」「これまでは（できないと思って）あまりさせていなかった」ということです（自ら反省）。

ディスカッションやディベートができるか

たとえば、各種調査によると、中学校や高校で、最近は少しずつディスカッションやディベートが取り組まれるようになってきてはいます。

以前の私は、「ディベートはしていますか？」と聞かれたときは、「していません、いつかはやりたいと思うけれど、準備に時間がかかるし、そこまで即興で話せそうにないからです」と答えていました。

中学2年生に、10時間ほどかけて本格的なディベートを丁寧に指導した年もありましたが、そのときにできたのは、「ディベートの型を何となく英語でなぞる」というレベルのものでした。

私の心には、ずっとこのときの体験があったのです。
　しかしある年に、特別な準備をせずに「2分間ミニ・ディスカッション」をしてみました。トピックは、「制服に賛成か反対か」です。
　なんと生徒が意気揚々と英語で話し続けているのです。私はこの姿を見て反省しました。実は、ディスカッションをさせるまで、私は次のように考えていたのです。
- やり取りを続けるための英語表現を教えておかないといけない
- 話に詰まったときにどうするのか、その表現も教えないといけない
- ペアで対話するには、1人で話す力を養わないといけない

　こう考えていると、なかなかディスカッションを気楽にやってみるという気にはなりませんでした。だからできなかったのです。
　つまり、生徒が英語を話せなかったのは、「うちの生徒にはできない（まだ早い）」と思って、やらせていなかった自分に原因があったのです。

スピーキング力アップのポイント（心構え）

そこから得た教訓で今でも大切にしているのは、次の点です。
- 「うちの生徒にはできない！」（からやらない）ではなく、「えいやっ」とやってみよう
- 完璧な状態はいつまでたってもやってこない

生徒が英語を話したくなる15のコツ

10 先輩の「動画」でモデルを見せよう

▍お手本があると優れた発表のイメージが共有できる

　スピーキング力を伸ばすには、良いやり方を「言葉で説明」するだけでなく、良いモデルを「視聴」することが有効です（イメージができる）。
　パフォーマンステストや授業での風景を動画で撮影しておけば、それを後で（本人の許可を得て）使うことができます。
　授業でモデル動画を見せることには、次のようなメリットがあります。
- 良い発表に関しての具体的なイメージができる
- 「深い発表」（プレゼン）のやり方が参考になる
- 自分もモデルになりたいと思って取り組みが本格化する

　たとえば、授業の残り時間を使って、「リテリングを、今よりもっとプレゼンを意識したものにバージョンアップするためには？」と題して、先輩や同級生の動画を参考にして考える時間をとったときのことです。
　そのときの生徒が書いたコメントをご紹介します。
- どの人もジェスチャーをしていておもしろい。体全体で伝えようとしていた。写真を用意して聞き手をひきつけている。聞き手もただ聞くだけでなくちゃんと話し手とアイコンタクトをとっている。私もジェスチャーをしたり聞き手を意識したりしていきたい
- リテリングのときに手を動かしてプレゼンのように話をしている。ジェスチャーが大きい。見ていて楽しい。まるで劇みたい。勢いがすごい。掛け合い、問いかけ、サービス精神が旺盛。実物を使っている。英語しゃべるのスラスラ。リズムがいい

パフォーマンステストで学びを生かせる

　モデル動画を見ることで、生徒は発表の仕方などの工夫点を学び、パフォーマンステストでもその工夫点を生かしていました。
　生徒の振り返りを紹介します。

- 前回、いろんな人のリテリング動画を見て、今回の発表ではそれを生かしてジェスチャーに気をつけて発表した。制限時間を少しオーバーしたけれど、言いたいことが言えてよかった。次は時間を考えて発表したい
- 実技テストの前に見たビデオのように、何か工夫してできたらいいなと思い、考えてみました。スケッチブックを切って、題目の次に内容が見られるようにして、できるだけスムーズに話せるように練習しました。スムーズに言えたので、良かったです

　1人目は、他の人の発表動画を参考にして発表したと言っています。2人目は、実技前に見たビデオのように工夫をしたそうです。
　動画には利点があるので、授業の練習や代表者発表の場面、パフォーマンステストの様子などを撮影しておくとよいでしょう。

11 活動を「継続する」工夫をしよう

仕組み1　トピックをたくさん集めておく

　授業でスピーキング力（やり取り・発表）をアップさせるには、「活動の継続」が不可欠です。そのために「続ける仕組み」を工夫します。
　続ける仕組みの1つに「スピーキングのトピックを集めておくこと」があります。 スピーキングのトピックを事前に十分準備しておくと忙しくても続けられます。英検の2次試験の問題なども参考になります。

仕組み2　[やり取り] と [発表] の両方の力を伸ばす授業構成に

　続ける仕組みには、「授業の型」も当てはまります。[やり取り] と [発表] の両方を組み込んだ授業の構成にしてみるのです。
　たとえば [発表] を「リテリング」（ペアで1分間ずつ）で、[やり取り] を「ディスカッション」（ペアで2分間）で伸ばす授業例です。

「1時間」の基本的な構成例

	学習活動	すること・ねらい
1	リテリング	前時までの学習事項をペアで英語で紹介し合う ねらいは、復習と表現力の向上とする
2	目標・議題の確認	授業の最後に行うディスカッションの議題を最初に確認することで、課題解決的な姿勢を誘う
3	新出語句	アクセントや発音に注意して発音練習する その場で覚えてペアで確認する

4	リスニング	次のリーディング問題を使ってまずリスニングをする。（解答の根拠を次のリーディングで確認する）
5	リーディング	TFやQA・要約などの読み取りをする（根拠に下線を引く）。速読と精読練習をする
6	文法・語法の確認・英作文	重要表現等を確認する（模試や入試も意識する）「ちょこっと英作」で習熟を高める（新出文法を使って口頭英作をする）
7	ディスカッションの準備	次のディスカッションに向けて準備をする（音読・暗唱、メモ取りなど）
8	ディスカッション	学んだ内容summaryに意見something newを加えてペアで英語で話し合う（2分間）
9	振り返り・次への見通し	学んだ内容やスキルを確認する 適宜気づきをメモするReflection Sheet

　ポイントは、1の「リテリング」と8の「ディスカッション」です。
　リテリング（1人1分間）を毎時間最初に行うと次のような効果があります。
- 授業の復習になる
- 授業のウォーミングアップになる
- 家庭での音読やリテリングなど音声学習を促進できる
- 生徒が英語を使っている気になる
- ジェスチャーなど表現力を意識したプレゼン能力もアップできる

　8の「ディスカッション」ではその日の学習内容に関連した議題で［やり取り］する力を伸ばすことができます。難しいと思わず「えいやっ」とやってみましょう。そして見つけた課題をクリアしていきましょう。
　議題は、Why〜？やWhat do you think?、How〜？などがおもしろいです。人によって異なり、多様な答えが出てくるからです。
　次は、授業で学んだことを使ってディスカッションする効果です。
- その日に学んだことを使って即興でやり取りする力を伸ばす
- 学習が前向きになる（その日に学んだことをアウトプットする）

生徒が英語を話したくなる15のコツ

12 「全体発表」で表現力と度胸を鍛えよう

ペアワークはできるけど全体発表は？

　ペアで会話やリテリングなどをした後には、できれば1名だけでも「全体発表」をする場面がつくれたらよいと思います。しかもできたら「ランダム」な指名で、発表者を決められたらよいと考えます。
　全体発表には、以下のようなメリットがあるからです。
- クラス全体の前で1人で発表する「度胸」を鍛えることができる
- 人前で発表して成功すると「自信」につながる
- 聞き手にとっては、いろいろな人のパフォーマンスから学べる
- （誰が当たるか分からないので）全体発表前の練習の本気度が高まる

全体発表の場面がない先生が「いい先生」？

　皆さんは、授業で生徒が全体発表をする機会がありますか。
　以前の私は、ペアワークは頻繁にしても、全体発表はさせていませんでした。理由は、「生徒がかわいそうだから」でした。
　実際に、アンケートに次のような生徒の記述があったことがあります。
- **全体発表をする直前にいきなり発表者が決められると、心の準備ができていなくて緊張するので、練習の前におしえてほしいです**
- はじめは毎回この活動が苦痛でした。全体発表が当たるかもしれないからです。しかし、英検の2次試験で合格できたとき、今までの活動が力につながったと実感したし、総合的な学習の発表では、「英語で何も見ないで行う発表より日本語なので大丈夫」と思ってできました

　新学習指導要領にあるように、これからの生徒に必要な三つの柱は、

①知識・技能　②思考力・判断力・表現力等　③学びに向かう力・人間性等であり、とくに②の表現力を伸ばすためにはその機会を設けることが必要になります。**「させないとできないまま」**なのです。

ネームカードを使って「誰が当たるか分からない」仕組みにする

では、代表生徒はどう決めたらいいでしょうか。「意図的指名」と「ランダム指名」のうち、全員を伸ばすランダム指名を紹介します。

「ランダム指名」で便利なのは「ネームカード」です。トランプのようにシャッフルし当たった人が発表します。作り方は簡単です。

① 厚紙を名刺大の大きさに切る
② 裏に（小さな）マグネットを貼る
③ 表に生徒が、「生徒番号」「名前」「好きなイラスト」などを書く

これには、次のような3つの「わからない」の特徴があります。
- 誰が当たるかわからない（シャッフルするので）
- いつ当たるかわからない（いつでも）
- 何回当たるかわからない（引いたカードは戻す）

（これは、畑中豊先生（福島県）の実践から教わりました）

ランダム発表の留意点

ランダム発表の効果は大きいのですが、留意点もあります。
- 全体発表前には練習の機会をもつ（全員ペアワーク→1人全体発表）
- どうしても発表ができない場合がある。そうした場合に、無理矢理やらせて恥をかかせるのは教育的ではない（とくに女子生徒）
- どうしても難しいときは、周囲の人に相談して代わってもらえる制度にしてもよい（そのために、周囲と良い関係を築いておく）
- 全体発表を通して表現力をアップすることの意義をたびたび語る
- 温かい視線や表情をするよう聞き手にもその都度声をかける

13 「パフォーマンステスト」をしよう

パフォーマンステストで練習の本気度が高まる

パフォーマンステストを行うメリットは大きく言って、次の通りです。
- テストに向けて「授業中の練習の本気度」が高まる
- 1学年を複数教員で担当していても、共通のテストがあると「目標地点」を具体的に共有できる（前もって実施を決めていれば）

つまり、何となく授業で活動するだけよりも「パフォーマンステスト」という具体的な目標ができることで、練習への真剣みが大きく増すのです。これは、言語習得においてプラスです。

評価の観点や基準は段階や目的によりバージョンアップする

右ページは、「リテリング」をプレゼン風にバージョンアップして行う短いプレゼンテーション活動 short presentation のパフォーマンステストの要項です。

評価の観点は、Fluency（語数）・Accuracy（正確さ）・Delivery（伝え方）の3つに設定し、それぞれの基準を「数字」を入れて設けています（こうすると、複数教員が実技テストを判断しても評価がぶれにくい）。これらの観点と基準は事前に生徒に公表して準備を促します。

評価の観点や基準は、生徒の発達段階や目的によって変わります。

今後は、「深い学び」を実現しているか、という観点を「ICEモデル」（p.116～117参照）などを活用して取り入れてみると面白いと思います（①説明レベル→②比較・対比レベル→③創造・提言レベルの3段階）。

パフォーマンステスト（プレゼンテーション）実施要項

1 実施日　　12月15日（金）
　　　　　　＊受験者は，教室前の廊下でテストを受ける。
　　　　　　＊他の生徒は教室で「誤答処理」や「予習」をする。

> 期末テスト返しのときに「実施日」と「トピック」「評価」等を伝えてください。＊発音も重要！

2 場　所　　教室前の廊下（準備物：机1＋教師用イス＋生徒用イス1）

3 範　囲　　教科書本文の1分間 Short Presentation（Retelling＋α）
　　　　　　①生徒は，L.7かL.8の好きな方を自分で選択してプレゼンする。
　　　　　　②「プレゼングッズ」（スケッチブック等）を作成すること。
　　　　　　③「巻き込み」（問いかけ等）を工夫して発表に取り入れること。
　　　　　　④できるだけ深い発表内容にすること（本文のsummaryだけの発表は避ける）。
　　　　　　　●something new（意見，感想，調べたこと）を入れる。なければ「－2」点。
　　　　　　　●something new の部分を増やすため，summary は少なくてもかまわない。
　　　　　　⑤「深い学び」にするには，以下のICEモデルのCやEレベルを目指すこと。
　　　　　　　●I（Ideas）：教科書の「要約」・「説明」（Summaryのみ）をする
　　　　　　　●C（Connections）：他との「比較」・自分の経験や別のこととの「関連」を語る
　　　　　　　●E：（Extensions）：教科書の話題から発展して何かを「創造」・「提案」する
　　　　　　　＊しっかりと準備をして練習をして臨むことで自分のスキルを伸ばすこと。

4 評　価　　評価は，Fluency（語数），Accuracy（正確さ），Delivery（伝え方）の3観点。
　　　　　　3段階評価で，成績に加える（21点を「－1点」して「20点換算」とする）。
　　　　　　＊この評価については，テスト返しの時に伝えておく（主体的な取り組みを促す）。

得点	Fluency（語数）	Accuracy（正確さ）	Delivery（伝え方）
7	80語以上	発音・文法ミス2つまで ＆ 発音 very good	プレゼン資料＋巻き込み工夫2つ以上
5	50〜79語	発音・文法ミス4つまで＆ 発音 OK〜 good	資料なし＆1つ以上
3	30〜49語	発音・文法ミス5つ以上	資料なし

　　　　　　（備考）
　　　　　　①Fluency：語数の満点は「80語」（高校生の全国的な目標語数は60語）。
　　　　　　　（参照：西巌弘『ワードカウンターを活用した驚異のスピーキング活動22』明治図書）
　　　　　　②Accuracy：同じタイプのミス（3単現のsなど）は1つと数える。
　　　　　　③「発音」（自然，抑揚，英語らしい）を意識する→正確さの満点は発音も very good.
　　　　　　④Delivery：相手を引きつける巻き込みの工夫：抑揚，感情，問いかけなど

5 手　順　　①教室でテストの「手順」「判定基準」を伝える。（前時にも伝えておく。）
　　　　　　②出席順にテストを行う。（最初の生徒を誰にするかは授業担当者の裁量とする。）
　　　　　　③次の受験者は廊下で待機する。（入れ替わりの時間を短縮するため。）
　　　　　　④受験者は教師の合図で1分間語り続ける。教師は語数を数えつつ評価する。
　　　　　　⑤1分後，得点と講評を受験者に簡単に伝えて終了。
　　　　　　⑥終了後は，ワードカウンター用紙裏に「振り返り」を書いて誤答処理等を行う。

14 スピーキングにつながる「音読練習」を促そう

■英語学習成功のカギは「音読」と「暗唱」

　James M.Vardaman先生（早稲田大学）は、復習の重要性について次のように述べています。生徒にも紹介したい言葉です。

> 　英語学習が成功するかどうかの鍵は、Review（復習）が握っています。
> 　ごく一部の天才は別ですが、私を含め普通の学習者は、「音読」と「暗唱」を中心とした復習トレーニングを繰り返すことによって語学を身に付けることができます。
> 　私は日本語を覚えるときに、毎日2時間、音読と暗唱を続けました。その効用は科学的にも証明されています。詳細については、前著の『毎日の英文法』に詳述しました。
> 　Review（復習）を繰り返すことによって、速度が上がり、fluencyが上がり、どんどん流暢になります。悪いことは一つもありません。
>
> （出典）James M.Vardaman『毎日の英単語』（朝日新聞出版）p.14～15

■自宅での音声練習の例

　スピーキング力のアップのためには、自宅でも学習した英文を使って音声練習を促せたらと思います。音声練習の例です。
- □教科書やプリントを意味をとりながら音読する（不明点は調べる）
- □（教科書CDがあれば）重ね読みをする（発音・スピード・抑揚を）
- □日本語を参考に英語を言う
- □英文を見ないでリテリングする

【保存版】 英語力アップに役立つ！「音読10箇条」

英語を話せるようになるには，「瞬時に英語を口にする『英語反射神経』を鍛えること」であり，「音読こそが反射神経を鍛える最強の学習法である」と，安河内哲也先生は言います。これを実現するための，音読「10箇条」を紹介します。

【準備物】・・・英文と CD（音読練習をする際は，お手本となる音声が付いた CD 付きの教材を使用する。）

□① **英文の構造や単語・熟語の意味を理解する**
意味の分からない文章をいくら音読しても意味はない。まずは文章の構造，単語の意味などを調べて理解する。しかし，これを繰り返すだけでは，言語を使いこなす能力は身につかない。この後の音読による自動化が必要。

□② **リピーティング**
音読の最初の段階で，「正しい」音声やイントネーションを覚える。CDを，意味のまとまりや1文ごとに区切って再生しリピートする。音読時はネイティブの音声を「ものまね」してリピートする。自己流のデタラメな発音にならないよう注意する。

□③ **サイト・トランスレーション**
意味のまとまりで区切って日本語に瞬時に訳す練習のこと。例えば，An American company 米企業が / has shipped a robot ロボットを発送した / to Japan 日本に，となる。意味を考えずに英文を棒読みするのを防ぐ効果がある。英語を英語のまま理解するのが理想だが，直読直解に至る練習として日本語を使う。英文を和訳して理解する癖がつくので他の練習と組み合わせる。

□④ **リード・アンド・ルックアップ**
英文を意味のまとまりや1文ごとに区切って音読して暗唱する。例えば，In other business news と音読（＝read）したら，顔を上げて（＝look up），In other business news と暗唱する。次の文（まとまり）も同様に繰り返す。簡単な作業だが，集中して読まないと覚えられない。文章構造を意識して話す練習になる。集中力や記憶力アップにも役立つ。

□⑤ **音読筆写**
④のリード・アンド・ルックアップを口だけでなく手でも行う方法。In other business news と音読して暗唱したら，次に In other business news とノートに書き写す。記憶力，集中力アップ，文章構造の理解，スペル学習や英作文対策にも効果あり。

□⑥ **速音読**
（正しい発音を身につけた後で）ストップウォッチ等を使って**速く読む訓練**をする。目・口を同時に素早く動かし英語の反射神経を育てる。意味理解がおろそかになる（デメリット）のでスピードを上げるためと割り切る。他の練習と組み合わせて行う。

□⑦ **オーバーラッピング**
テキストを見つつ音声に合わせて音読する。目と耳と口を同時に使い反射神経が高まる。棒読みを防ぐため意味を考えて読む。

□⑧ **シャドーイング**
音声を聴いてほぼ同時に，あるいは少し遅れて影のように声を出す方法（同時通訳者の練習法）。反射神経やリスニング力アップ，発音・イントネーションの矯正など学習効果抜群。（意識しないと，意味を把握せずに読んでしまうおそれもある。）

□⑨ **ショートプレゼンテーション**
短文の暗唱。文構造や意味，発音に注意し，自分の言葉として言えるまで練習する。この練習が「短文学習のゴール」。文法学習も同じで，解けることがゴールではない。文章を暗唱して自分の言葉として言えれば解答できるようになる。

□⑩ **長文リスニング理解**
これが「長文学習のゴール」。音読練習の成果を確認する段階。ネイティブが読み上げる音声を聞いて音声と内容を100％理解する。聴いて分かる英文は読んでも分かる。この方法で，日本語を介在させずに一定の速度で理解できることを確認できる。

- 「音読10箇条」の練習法は，どれか1つではなく，組み合わせて行おう（各方法のデメリットを補いメリットを生かす）。
- まずは①②から，できるようになったら③④⑤と，順に取り組みましょう。慣れたら③以降は多少順番が変わっても大丈夫。
- 最終目標は⑨と⑩の達成。さらに，実際に話す場数を増やそう（授業，英会話，ALT，海外旅行，スカイプ英会話）。
- この方法で練習を継続すれば，反射神経が鍛えられ，4技能（聞く・読む・話す・書く）の核となる英語力が身につきます！

（出典）安河内哲也「スピーキング力がつく！『英語反射神経』の鍛え方」『CNN English Express 2014年11月号』（朝日出版社）を基に作成

> 生徒が英語を
> 話したくなる15のコツ

15 英語を口にする環境を整えよう——ひとくち英語

▌授業外でも思わず英語を口にする？！

　生徒が英語を、教室だけでなく廊下などでも話している姿は理想的だと思いませんか。

　それを現実にしてくれるのが、この「ひとくち英語」の実践です。

　右の写真をご覧ください。これは、ある年に職員室前の廊下に貼っていた「今日のひとくち英語コーナー」です。毎日日替わりで新しい英語表現が紹介されて、生徒はこれをとても楽しみにして英語を口にします。

　でもこれを一から作るとなると大変ですよね。大丈夫です。これを応援してくれる書籍があります。瀧沢広人先生の『小学英語を楽しく！"ひとくち英語"日めくりカード集』（明治図書）です。4年生から6年生用まであります。小学校と書いてありますがもちろん中学校でも使えます。発音のカタカナ表記を取ることもできます。

　この書籍が優れているのは、右の写真のようなデータが、12カ月分（各月20枚、全240フレーズ）収録されていることです。日付を替えるだけですぐに使えます。英語に関するひとくち解説があるのも助かります。

▌ひとくち英語の実践の工夫

　私が実践して分かったのは、次のようにすると継続しやすいことです。
- 1週間か1月分ほどを一気にプリントアウトする（日付を替えて）
- 英語係に頼んで、毎日貼ってもらう（喜んで貼ってくれる）
- 前日の上に貼り付けることで、昔の表現をめくって見ることができる

【5年生11月の表現例（一部）】

- やれやれだぜ　　　　Oh, brother.
- 十分だよ！　　　　　That's enough.
- 気にするな！　　　　Never mind!
- きっと　　　　　　　I bet〜
- もうだめ！　　　　　No deal!
- もうこれ以上は無理！　No more!
- 根性あるね！　　　　You have guts!

オススメ英語サイト②

Breaking English News

英語の授業や家庭学習で使えるウェブサイトやアプリを紹介します。第2回目は、「Breaking English News」というサイトです。Breaking English Newsですぐに出てきます。
https://breakingnewsenglish.com/

　Breaking Newsは「ニュース速報」という意味です。このサイトでは、英語ニュースを読んだり、聞いたり、書いたり、それを使って語法・文法チェックをしたりできます。なんと、ハンドアウトもついており、これが、CEFRに基づいて0～6のレベル別になっています。

　このサイトには、次のような特徴があります。
① ニュースとハンドアウトをCEFRのレベル別に提供している
② **Listening speed**も1～5段階で変更が可能
③ ディクテーション、動画、読み物、語法・文法、書き物など、バリエーションのある課題がそろっている
④ ハンドアウトは26ページ版や4ページ版があり選択が可能
⑤ 4ページ版のものは、そのまま授業で活用しやすい
⑥ 26ページ版は活動が豊富で授業のバリエーションにつながる
⑦ 宿題もある (vocabulary extension, interest, write a magazine等)

　生徒に伝えて自学自習を促すのにも使えるサイトです。

第3章

すぐ実践できる！スピーキング活動

> スピーキングに重要な3つの視点

01 ゲーム感覚でできる！帯学習編

▍スピーキング力を伸ばす「帯学習」メニュー例

　ふだんの授業でスピーキング力を伸ばすには、「帯学習」「教科書指導」「リテリングなどの復習」に組み込む方法があります。ここでは、毎時間最初の5分程度を使って練習するオススメ帯学習を5つご紹介します。

1．1（2）minute chat

　既習事項を使っての「1（2）分間チャット」です。中1で1分間、中2で2分間、中3で3分間くらいを目標にするとよいでしょう。

　たとえば、want toを習った後ならWhat do you want to be in the future?（夢）、過去進行形を習った後ならWhat were you doing at 7:00 last night?などと、既習事項を繰り返し使って慣れることができます。

　樫葉みつ子先生の『英語で伝え合う力を鍛える！ 1分間チャット＆スピーチ・ミニディベート28』や道面和枝先生の『中2で楽しく会話が続く！「2分間チャット」指導の基礎・基本』が特に参考になります。

2．30秒クイズ

　教師が板書した単語を、生徒がペアになって一方が英語で説明し、もう一方が当てるゲームです。30秒くらいの短い時間でBGMをかけながら行うと楽しいです。詳しくは、74ページをご覧ください。

3．ワードカウンターで1 minute monologue

　「ワードカウンター」という用紙を使って相手の発話語数を数えるモノログ活動です。一見、進捗度が見えにくいスピーキング活動に、「発

話語数」という指標を持ち込んだ画期的な方法です。準備が楽で、話す力がグングン伸びる活動の詳細は、80ページをご覧ください。

4．英検トピックなどを使ったQ&Aプラス

　帯学習の時間で、英検などを目標として、年間を通して継続的にQ&Aの練習をします。たとえば英検3級レベルの2次問題に、Do you like to eat at restaurant?という問題があります。

　通常は、たとえば、No, I don't. I like to eat at home. I enjoy eating slowly and talking with my family.などと答えて終わりになるのが普通です。ただ、この練習では、同じ問いをもとに「30秒」「1分間」「2分間」などと時間を決めて、できるだけ詳細に話し続ける活動です。

　Q&Aだけで終わらず、詳細をもっと「プラス」する、という意味でQ&Aプラスと呼んでいます。

　たくさんの議題をストックしておき、1回に2題示して好きなほうをペアで選択して話してもらうとより集中して取り組みます（p.40参照）。

5．3分間writing & speech

　最後は、ライティングとスピーキングの両方を同時に高める活動です。あるテーマについて3〜5分間で英作文を書き、その後すぐに、原稿を見ないでペアでスピーチをし合う活動です。

　生徒が苦手と言われる「つながりのある英作文」が書けるようになります。英検や高校入試、大学入試でよく出るテーマを扱うと、入試にも対応する指導につながります。

- What do you want to be in the future?
- What subject do you like?　Why?
- What do you want to do during summer vacation?

　慣れてくると多くの中学生が3分間で5文以上書けるようになります。なお、スピーキングをした後に同じ話題で英作文をすると、高校2年生は3分間で平均40〜50語程度書いています。

スピーキングに重要な3つの視点

02 すぐ取り組める！教科書指導編

▍スピーキング力を伸ばす「教科書本文指導」メニュー例

　ふだんの授業でスピーキング力を伸ばすには、先ほど見たように「帯学習」「教科書指導」「リテリングなどの復習」に組み込む方法があります。ここでは、教科書を使ったオススメの指導例をご紹介します。

1.「消しゴムトーク」で背景知識の活性化

　教科書指導でよくあるのは、その話題に関連した「オーラルイントロダクション」や「オーラルインタラクション」です。ただどうせなら先生ではなくて「生徒」がたくさん英語を話すほうがいいですよね。それを実現する「消しゴムトーク」という活動をご紹介します。

① 単元に関連した画像や英単語を板書する
　　例）黒人が人種差別をされている昔の画像（トイレの入り口が異なる）
② 生徒は2人1組になる
③ 画像（や単語）に関連する英文を1文言って相手に消しゴムを渡す
　　例）There are two entrances for the toilet.（消しゴムを渡す）
④ 1分間ほどBGMをかけながらやり取りを続ける。ストップの合図で消しゴムを持っている人が負け
⑤ 負けた人は、立ち上がる。挙手して1文発言した人から座れる（人と違う文を言う。早く挙手して言ったほうが得なシステム）

2. 本文の「一部」を使って自己表現

　教科書本文に出てくる表現を使って、即興で自己表現をします。たと

えば、To my surprise（私が驚いたことには〜）やnot because A（SV），but because B（SV）（AだからでなくBだから〜）という表現が出てきたときには、それを使って面白い文（＝愉快なor知的で含蓄のある文）を作ってもらいます。生徒は次のような文を作りました。

- I envy my cat not because she can sleep all day but because she has a boyfriend.
- My mother was angry not because I came home late but because my father ate her snacks.
- He can't talk with her well not because he hates her but because he loves her.
- I don't like math not because I don't understand it but because math has only one answer.

3．「発問」を使ってペアでディスカッション

　教科書本文の内容に関連した質問を投げかけペアでやり取りします。以下は、高校生の授業で行ったディスカッションの議題です。意見に違いが出るよう発問を工夫すると、やり取りが楽しくなります。

- Some people say that there is nothing we ordinary people can do. What do you think?（地雷について学習した後に）
- What do you think about 〜？（単元の主人公について）
- What is most interesting for you in section 2?　Why? （セクション２の中で一番興味深い部分について尋ね合う）
- How would you modify（change）lesson 3 to make it better？ （教科書本文をよりよい魅力的な構成に修正させる）

4．「自由英作文」はスピーチとセット

　レッスンの最後に15分間程度で自由英作文を書かせ、書いた後に原稿を見ないで、ペアでスピーチをし合うのも、表現力アップに効果的です。

スピーキングに重要な3つの視点

03 力がつく！本文のリテリング編

▍スピーキング力を伸ばす「リテリング」メニュー例

　ふだんの授業でスピーキング力を伸ばすには、「帯学習」「教科書指導」「リテリングなどの復習」を行う方法があります。ここでは、リテリングのオススメ活動例を4つご紹介します。

1. 教科書本文のリテリング

　リテリングは、教科書本文の内容を口頭で伝えることで、スピーキングの機会を増やし、教科書の内容や表現を意識的に使ってみる機会になります（内容や表現のインテイク）。次のように行います。

① 授業で教科書の本文を学習する
② 家庭で音読・リテリングの練習をしてくる
③ 次の授業の最初に、リテリングをする

　1時間の授業内で①～③を行うこともできます。たとえば、その日に学んだ内容を授業の最後にリテリングするなどです。

　ただし、リテリングのための音声練習時間が不足する場合は、次の時間の最初に行うとよいでしょう。リテリングを取り入れると、生徒は家庭での音声練習により意欲的に取り組みます。生徒の感想です。

- 今回、レッスン1を終えて80WPMにはなかなか届かなかった。でも、セクションごとに語数が増えていったのはいいと思う。この調子でいったらパフォーマンステストまでに80WPMにはいけるだろう!!　そのためにも家でもっと練習したいと思った。音読をしまくりたい
- L.1のSection1～3まで計3回やってきて、だんだん増えてきたが（33→42→55WPM）、まだ100WPMには遠いので、もう少し頑張

りたい。中間後のパフォーマンステストに向けて、音読、要点まとめをしっかりしたい

2．チャット風リテリング

ペアで1人ずつリテリングをする代わりに、時には、2人でチャット風にリテリングをするのも楽しいです。題して「チャット風リテリング」。

お互いに知っていることを一方的に話すだけでなく、インタビューするように相手に質問をしたり、相手からの質問に即興で答えたりするなど、やり取りする力を楽しく鍛えることができます（preparedでありながらもimpromptuな活動となる）。

3．既習レッスンリテリング

教科書を使った「リテリング」活動を継続していると、本文に関連した話題なら生徒はかなり英語で話せるようになってきます。

しかし、時がたつとだんだんその話題で話せなくなります。具体的な内容や表現を忘れてしまうからです。これではもったいないのでこれを防ぐために考えた活動が、「既習レッスンリテリング」です。

それまでに学んだ単元を復習してリテリングする活動です。

中学・高校の3年生で入試前の時期でも、授業最初の約10分間を次のようにすることで、楽しく「復習」して「表現力」がアップできます。
① 個々で好きなレッスンを音読（復習）する（5〜10分間程度）
② ペアになって、お互いに学んだことをリテリングし合う。もしくは、チャット風に、学んだことをお互いにリンクさせながら対話を続ける

4．長文読解即リテリング

本文を読んでリテリングするという流れが身につくと、中学・高校の3年生で入試に向けた長文読解演習時期でもリテリングができます。

①長文を読む→②演習問題を行う→③ペアになって1人1分ずつ内容を口頭で再生する（できれば関連する意見を加えて）、という流れです。

スピーキング力を高める
5大練習メニュー

01 「30秒クイズ」で楽しく説明力を育成

30秒クイズとは?

　ペアでの定義ゲームです。先生が板書した単語を、ペアの片方が英語で説明し、もう片方がそれを見ないで当てます。「30秒以内」に答えるので「30秒クイズ」と呼んでいます。たとえば、appleという語の場合、It's a fruit. It's red and round.などと説明します。お題は「教科」「スポーツ」「食べ物」「単元のキーワード」などさまざまなものが可能です。

　既習語を定義させると既習語の復習ができ、新単元のキーワードを定義させると背景知識を活性化でき単元の導入になります。

　このようにメリットは多く、さらには、体育の後など、生徒の気持ちを英語に向けるのにも役立つ活動です。

指導の手順

① 2人1組になり、ジャンケンで役割を決める（勝ち：説明／負け：答え）
② 全員で2つの約束事を確認する（No Japanese.　No gestures.）
③ 教師は単語を板書する（例：自由の女神／広島風お好み焼き）
④ 全員起立して活動する。当たったペアから座る（30秒以内）

　この活動のポイントです。
1. 時間を制限する（30秒など）。長いと早く終えた生徒が暇になる
2. BGMを使う（運動会BGM等）。雰囲気が出て隣の答えも聞こえない
3. 条件を変える（例：「単語だけ」「文（SV）で」「関係代名詞を使う」）

30秒クイズで「説明」の達人になる！

1　30秒クイズとは？

「あるものを（30秒以内に）英語で説明するゲーム」のこと。
　例）apple（リンゴ）＝It is a fruit **which** is red and round.（赤くて丸いフルーツ）

2　このゲームを何でするの（目的は）？

①様々なものを英語で説明することで，これまで学習した文法（3単現の s，can，関係代名詞など）や語句（形，色，身体の部分）の練習ができる。
②会話の中であるものを伝えようとして，その英語名を知らない場合に，この方法で説明して切り抜けることもできる。例）「郵便配達員」→「手紙を届ける人」

3　効果的な説明法は？　＊重要！

①最初にその「**種類**」を言う。
　It's an animal（動物）．　It's a sport（スポーツ）．
　It's a fruit（フルーツ）．It's a person（人）．　It's something（何か）．
②さらに詳しく説明する。（今回はできるだけ）関係代名詞で文をつなぐ（「どういう～かと言うと‥」）。
　It's an animal which lives in Africa．（動物は which）
　It's a person who catches bad people．　（人は who）
　It's something which you use when we play baseball．（分からない時は something：もの）

4　「詳しく説明」するのに役立つ表現は？

① ＜**身体の部分**＞　「～があります」
　It has ― 〔ears, eyes, legs, tail, neck, arms〕．　＊―には，形・色を表す語が入る。
② ＜**形**＞　「それは～です」
　It is 〔big, small, short, long, tall〕．
③ ＜**場所**＞　「それは～に住んでいます」
　It lives in 〔the sea, the mountains, the jungle, Africa, Australia, China〕．
④ ＜**能力**＞　「それは～ができます」
　It can ～．
⑤ ＜**食べ物**＞　「それは～を食べます」
　It eats 〔meat, grass, fish〕．
⑥ ＜**色**＞　「それは～色です」
　It is 〔black, gray, white, yellow, pink, red, green〕．
⑦ ＜**反対**＞　「それは～の反対です」
　It is the opposite of ～．＊ It is the opposite of "hot" ＝ "cold"．
⑧ ＜**次**＞　「それは～の次です」
　It is the day 〔month, season, number〕 after ～．

（参考）本多敏幸『到達目標に向けての指導と評価』（教育出版）

02 グループクイズ形式で「What (Who) am I?」

What (Who) am I とは？

What (Who) am I? という活動は、大きく2つの方法があります。
① 自分が誰か（何か）になって自分が説明する（聞き手が当てる）
② 相手が誰か（何か）になって自分が質問する（自分が当てる）

たとえば、I am a bird. I can swim. I can't fly. なら、ペンギンです。
ここでは、この What (Who) am I? を4人グループのポイント制で行う活動を紹介します。何回か継続すると、3単現や疑問文の言い方に慣れてきます（この活動は「クイズサロン」として提唱されたものを、瀧沢広人先生が改善・紹介された活動を参考にさせていただきました）。

指導の手順

授業の最初や最後の時間を使って次のように行います。
① 4人グループになる
② 紙を見ながら、目的やルールを理解する（p.78〜79参照）
③ ジャンケンで役を決める（勝ち：出題者／負け：回答者）
　• 出題者は答えを決める（カードなど）
　• 回答者3人は、出題者に対して英語で質問をして答えを当てていく
　• 質問：3点／回答：1点／回答＋プラスワン：4点
　　ひとくち英語（あいづち等）：1点
④ 得点を計算する

■得点表

グループクイズ得点表（3回分）
～3人称単数を使って～

Class（　　—　　）　No.（　　）　Name（　　　　　　　　　　）

① ◆日にち（　　／　　）◆活動時間（　　）分

	（　）月（　）日	ポイント	発話回数（正の字）	小計
1	質問した。(Does he～?／Is he～?)	3点		点
2	質問に答えた。(Yes／No, ～)	1点		点
3	質問にプラスワンで答えた。 （1文付け足し）	4点		点
4	ひとくち英語。(Really?など)	1点		点
感想 質問			合計	点

② ◆日にち（　　／　　）◆活動時間（　　）分

	（　）月（　）日	ポイント	発話回数（正の字）	小計
1	質問した。(Does he～?／Is he～?)	3点		点
2	質問に答えた。(Yes／No, ～)	1点		点
3	質問にプラスワンで答えた。 （1文付け足し）	4点		点
4	ひとくち英語。(Really?など)	1点		点
感想 質問			合計	点

③ ◆日にち（　　／　　）◆活動時間（　　）分

	（　）月（　）日	ポイント	発話回数（正の字）	小計
1	質問した。(Does he～?／Is he～?)	3点		点
2	質問に答えた。(Yes／No, ～)	1点		点
3	質問にプラスワンで答えた。 （1文付け足し）	4点		点
4	ひとくち英語。(Really?など)	1点		点
感想 質問			合計	点

3回を終えての進歩や気づき	総合	1分あたり の得点
	合計活動時間　　分	
	合計点　　点	点

■活動要綱

グループクイズ 〜What am I ?編〜

1 本ゲームの概要

<u>このゲームは，4人1組で行うポイント制の会話ゲームのこと。</u>
出題者が持つカードの人物（クラスの友達・先生など）を，質問しながら当てていくゲーム。
<u>質問したり，答えたりすればポイントがもらえる。</u>

具体的に言うと・・・

① 4人グループの中で，ジャンケンで出題者を1人決める。出題者は起立する。
② 残りの3人は，これまでに習った英語表現を利用して，英語で質問をする。
③ 質問したら3点，答えたら1点，プラスワンすれば4点，ひとくち英語は1点もらえる。
④ 人物が当たったら，次の人（時計回り）が出題者となる。

2 目的

習った英語を使うこと。（特に疑問文と答えの練習になる。）
また，会話を続け，深めるコツを身につけること。【一定期間続ける】

3 準備物

① 人物名カード（生徒数×3枚）
② クイズサロン得点板
③ BGM
④ 疑問文表現集

```
        机↓
  机→         机←
        机↑
```

4 進め方

（1） 4人でゲームをスタートする。

先生が話す4英語

① 4人が向かい合う形に座る（2の目的参照）。　　◆Let's make "Salon Group".
② カードを1人につき3枚（合計12枚）先生からもらう。◆Group Leader, come here.
③ 出題者をじゃんけんで決める。　　　　　　　　◆The first batter, stand up!
④ ゲームを開始する。　　　　　　　　　　　　　◆Let's start! （BGMが流れる）

（2） 回答者は質問をして答えを探す。

① 回答者は，質問をするために挙手する（Let me try.）。
② 出題者に指名された人は質問できる。 例） Is he a teacher? （質問すると3点）
③ 出題者は，No, he isn't などと答える。（これも得点に入る。）
④ それを聞いて座っている人は，Oh, really? I see. Pardon?など，あいづちを入れる。
　これらの「ひとくち英語」は1点入る。
⑤ 当たるまで，挙手して質問を続ける。 例） Does he play tennis?

(3) 得点の付け方　＊自分で自分が発した英語の得点をつける。(得点は4種類)

① 質問したら3点。　　　　　　　　例) Does he play soccer?
② 質問に答えたら1点。　　　　　　例) Yes, he does.
③ 質問にプラスワンで答えたら4点。
　例) Does he play tennis? No, he doesn't. But he plays baseball.とすると4点。
④ ひとくち英語は1点。何でもいいから一言英語を話せば1点。　例) Really? Me, too. What?
　＊ただし、流れに沿った英語のみ得点とする。例)聞く場面で、Whatを連発しても1点のみ。

(4) ゲームの終了・第2回戦の行い方
① 正解者が出たら、出題者は You are right.(当たり)と宣言する。
② 当たると、次の人が出題者となる(時計回り)。同様に質問やひとくち英語などのやりとり。
③ 早く終わったグループは、2周目に入る(1人3枚持っているので最高3周目まで可能)。
④ 約7～8分後、先生からの合図で終了する。
⑤ 得点を計算(合計)する。

5　注意と評価

(1) 注意
① ゲームが始まったら、日本語を使わない。
　どうしても、分からない単語があれば、(日本語) in English と言う。例)陸上部 in English
　どんな英文にすればいいか分からない時は、英語でメンバーに聞く。
　例) How do you say～, in English?　それでも分からない言葉は、得点版にメモする。
② 得点のルールは守る。ルールがあるからおもしろい。

(2) 評価は、「コミュニケーション」への関心・意欲・態度で評価します。積極的に英語を使おう!

6　進行例(人物が、「上山先生」の場合)

(先生)　Let's start "Quiz Salon".
　＊出題者が、手を挙げている人(回答者)を指名する。
(回答者A)　Is he or she?　・・・・・・・・・・・・・・・・・回答者A:3点獲得(質問)
(出題者)　　He.・・・・・・・・・・・・・・・・・・・・・・・・・・・出題者:1点獲得(答え)
(回答者B)　Is he a student or teacher?・・・・・・・・回答者B:3点獲得(質問)
(出題者)　　He is a teacher. He likes baseball.・・・出題者:4点獲得(答えプラスワン)
(回答者C)　Really?・・・・・・・・・・・・・・・・・・・・・・・回答者C:1点獲得(ひとくち英語)
(回答者A)　Is he Mr. Kamiyama?・・・・・・・・・・・・回答者A:3点獲得(質問)
(出題者)　　Yes. You are right.・・・・・・・・・・・・・・出題者:1点獲得(答え)

【参考文献】
●「楽しい英語授業」12号(明治図書)
●瀧沢広人「中学生を英語授業にノセル裏技49」(明治図書)

> スピーキング力を高める
> 5大練習メニュー

03 話し続ける力を鍛える「ワードカウンター」

▍スピーキングの「流暢さ」を伸ばす「魔法の紙」

「スピーキング力アップのために最も役立つ教材は？」と聞かれたら、現在の私は「ワードカウンター」と答えます。それほど、自信をもって、生徒のスピーキング力を伸ばすのに有効な教材と言えます。

ワードカウンターは、1〜150ほどの数字が記載された用紙で、広島の西巌弘先生によって考案されたものです（『ワードカウンターを活用した驚異のスピーキング活動22』（明治図書）参照）。

2人1組になって、1人が話した「発話語数」を、もう1人が「ワードカウンター」を使って数えるのです（生徒はすぐに計測に慣れます。）。

発話語数が、目に見える数値になって現れるので、（特段の指導をしなくても勝手に）生徒は英語を話し続けようとします。

この活動のポイントは、教師の準備が簡単で（用紙が1枚）、さらに、「特別な指導」がなくても、生徒が勝手に英語を話し続けてくれることにあります。まさに「魔法の紙」なのです。

▍ワードカウンターの使い方

使い方はいたってシンプルで、次のようにします。
① 教師がtoday's topicを板書する（日替わりメニューやリテリング等）
　 例）Things I did yesterday ／ Retelling（L.9 section ③）
② ペアでジャンケンをして順番を決める（勝ち：話す／負け：数える）
③ 1分間英語を話し続ける（その後、役割交代）

【保存版】

【即興で話し続ける力を鍛える！】 Word Counter

Class（　—　）No.（　　）Name（　　　　　　　　　　）

【目的】相手の発話語数をカウントする（話す語数を増やして「流暢さ」を高める）
【方法】①発話に合わせ、数字を蛇行型になぞる（矢印に従う）②間違いや言い換えも語数に入れる ③笑顔で数える（相手を時々見る）

1	**30**	31	**60**	61	**90**	91	**120**	121	**150**
2	29	32	59	62	89	92	119	122	149
3	28	33	58	63	88	93	118	123	148
4	27	34	57	64	87	94	117	124	147
5	26	35	56	65	86	95	116	125	146
6	25	36	55	66	85	96	115	126	145
7	24	37	54	67	84	97	114	127	144
8	23	38	53	68	83	98	113	128	143
9	22	39	52	69	82	99	112	129	142
10	21	**40**	51	**70**	81	★**100**	111	**130**	141
11	**20**	41	**50**	71	**80**	101	**110**	131	**140**
12	19	42	49	72	79	102	109	132	139
13	18	43	48	73	78	103	108	133	138
14	17	44	47	74	77	104	107	134	137
15	16	45	46	75	76	105	106	135	136

● 目標語数（中1：20〜50，中2：40〜60，中3：50〜70，高校生：60〜100）　＊WPM＝words per minute（毎分語数）

No	Date	Topic	WPM	No	Date	Topic	WPM
1	／			21	／		
2	／			22	／		
3	／			23	／		
4	／			24	／		
5	／			25	／		
6	／			26	／		
7	／			27	／		
8	／			28	／		
9	／			29	／		
10	／			30	／		
11	／			31	／		
12	／			32	／		
13	／			33	／		
14	／			34	／		
15	／			35	／		
16	／			36	／		
17	／			37	／		
18	／			38	／		
19	／			39	／		
20	／			40	／		

Original ideas from Nishi(2004)

（出典）西巌弘『ワードカウンターを活用した驚異のスピーキング活動22』（明治図書）より一部引用

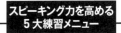

04 「スキルメモ」を書いて表現力アップ

▍「スキルメモ」欄で「表現力」（スキル）を伸ばす

英語の「話す力」と「表現力」（プレゼンなど）を伸ばすには、ワードカウンター（用紙）の裏に「スキルメモ欄」を設けるとよいでしょう。

ここには、生徒がパートナーとの活動や全体発表などを見聞きして、「あのやり方いいな」と思う方法があったら各自がメモをします。

用紙に「目標10個以上」「1つ＝1点」などを記しておくと、生徒のメモを促せます（実際にそれを評価に入れるかは別ですが……）。

たとえば、表現力アップのために生徒がメモしたものを挙げてみます。

□質問をして聞き手を巻き込む	□ナンバリング
□具体例は相手になじみのあるものに	□ジェスチャーをつける
□自分の体験を入れた発表は参考になる	□黒板を上手に使う
□本文に沿った自分の意見を入れる	□相手を見る

これらを、「意識的に」練習で本人が活用し表現力アップにつなげます。

▍発話・感想・振り返りメモ欄を設ける

用紙には「発話・感想・振り返りメモ欄」も設けたいです（右ページ参照）。この欄は、「話したことを3分で書いてみよう」「やってみての感想や気づきを書こう」「パフォーマンステストを振り返ろう」など多様な用途で使えます。**振り返りは、主体的な活動と授業改善のための重要な要素です。**

記録シート

Class（　—　）　No.（　　）　Name（　　　　　　　　　　　　　　）

（１）スキルメモ（自分やパートナーの発表，全体発表，ディスカッション時に学んだ「発表の工夫」）
　＊目標10個以上（１つ＝１点）　＊気づいたときに随時メモ　＊毎回新たなスキルにトライ（実践したら☐に☑）

☐

（２）発話・感想・取り組みの振り返りメモ

① （　　/　　）

② （　　/　　）

③ （　　/　　）

④ （　　/　　）

⑤ （　　/　　）

⑥ （　　/　　）

⑦ （　　/　　）

05 復習で創造力も育める「Create a story」

Create a storyとは？

Create a storyとは、ある3つの単語を使って話を即興で創作するスピーキング活動です。最初の2語は教師が板書で指定し、残りの1語はパートナーが指示します。

たとえば、次のようにします。

教師が2語を指定……postcard, book,（　　　）

（　）の1語はパートナーが指定（好きに決めてよい）……watch

この3語を使って、30秒間、1分間、または2分間と英語で架空の話を即興で創って話を続けるのです。

単語を使う順番は自由に決めてOKです。できれば話が面白くなるようなオチがある文章を創作できれば最高です。例を示してみます。

I went to a bookstore last night. You know why? It was because I wanted to buy a nice postcard to send to my grandfather. He is always kind to me. So I wanted to write "Thank you" on the card.

But I didn't buy the postcard because I found an interesting book there. It was Mr. ●●（先生の名前）'s book. He has written a book! I didn't know that! I decided to buy it and talk about it at school.

But I couldn't buy the book. Looking at my watch, it was time for me to go home. My mother easily gets angry if I break curfew when I should go home. It was a good day because I followed a rule of my home. But when I went to bed, I noticed that I didn't buy anything. So I should go to the bookstore after school again today.

（下線部が指定語）

指導のポイントは？

　この活動は、深く考えすぎると時間がかかりすぎてしまうので、「気軽に」「何度も」「だんだん深く」を合言葉にして取り組むとよいでしょう。
　この活動を楽しく続けるには、いくつかポイントがあります。
- 教師が3語すべてを指示しない（生徒は自分たちで決めることで、楽しい話題になる。選ぶことの重要性は40ページ参照）
- 単語を示してから、準備時間（1分程度）をとったほうが楽しい話になる
- もし時間があれば、5分程度でマッピングさせたうえで話をさせると、より充実した楽しい話になる（生徒にこの活動が難しい場合も、まずは書かせてから、それを見ないで話をさせるとよい。授業の最後に3語与えて、家庭学習で考えてきた作文を見ないで発表させてもよい）
- 話をした後は、「3 minite writing」などと称して、英文を書かせると毎回の話が残っていく。これは家庭学習とすることもできる。その際は、積極的な辞書の活用を勧めておく
- 相手から聞いた話を別の人に話す「リテリング」をするのもよい。話をしっかりと聞くようになるし、スピーキングの機会も増える
- 「オチの付け方」を学ぶと勉強にもなる

　たとえば、自分の話にオチを付ける場合、次のようなコツがあります。
① 自分をダウンさせる
② プラスの学びを話す（聞き手は「オイオイ」となる）
　例を示します。
　①では、「postcardとbookを買いに行ったのに買えなかった。門限を過ぎそうだったからです。普段からwatchを持っているのに見ないのは、よくないなと反省しました」
　②では、「postcardとbookを買いに行ったのに買えなかった。門限を過ぎそうだったからです。普段からwatchを持っていても見なくてよかったなと思いました。無駄遣いを避けられるからです」

鉄板3タイプ

01 検定にも役立つ活動「自己表現」

▌スピーキング活動「鉄板3タイプ」とは？

　英語教育界では、外部検定がホットな話題の1つです。ポイントは、合格を目指して練習をすることで、4技能を伸ばせることにあります。
　種々の外部検定のスピーキングの設問タイプを見ると、大きく次の3つに分かれます。
① 自己表現（自己紹介、好きなスポーツ、教科など自分について話す）
② 描写（写真やイラストを見てその状況を描写する）
③ 意見（話題についての意見を理由とともに語る）
　ここでは①自己表現について見てみます。

▌タイプ1　「自己表現」の活動のやり方

　タイプ①の「自己表現」の活動は、自分が好きなことについて語るものです。たとえば、自分の友人、夢、趣味などについてです。
　自分のことは英語でも話しやすいものです。話す内容が自分の中にあるからです。
　私自身も経験があります。20歳ではじめてアメリカに行ったときに、ホストファミリーとなかなか話せない中、自分の好きな「釣り」の話題だけなら30分間くらい英語を話し続けられて、自分で驚くと同時に、好きな話題を増やすことの重要性を認識しました。
　同じトピックで何度も練習をして（話す相手を替えるなどして）、自分が自信をもって話せるという「鉄板トピック」を増やすことで、海外の人と話すときにも自信をもって話すことにつながるでしょう。

■「自己表現」に関するトピックの例（ワードカウンター（p.81）で練習）

（1）My
　　　☐ friend　☐ school　☐ town　☐ dream　☐ hobby

（2）My favorite
　　　☐ person　　　☐ food　　☐ song　　☐ subject
　　　☐ place in my city　☐ sport　☐ animal　☐ TV program

（3）Things I did
　　　☐ on the weekend　☐ yesterday

（4）Things I want to do
　　　☐ during summer vacation　☐ in the future　☐ tonight

イベント前にできる集中練習

　海外修学旅行などの英語に関するイベントの前では、「FAQ（よくある質問）に答えられる練習をしよう」と集中練習をすることもできます。

①Please introduce yourself.　- My name is 〜．（名前、出身等）
②What are your hobbies?　　- My hobbies are A and B.
③What is your favorite food?　- I like sushi.
④What kind of music (movies) do you like?
　　- I like pop music (action movies).
⑤Tell me about your favorite sport.　- I like baseball.
⑥Tell me about your family.　- I have four members in my family.
⑦Tell me about your school life in Japan.
　　- I go to ●● high school.（＋授業、部活、行事等）
⑧Tell me about your prefecture.　- Hiroshima is famous for 〜．

鉄板3タイプ

02 検定にも役立つ活動「描写」

タイプ2 「描写」とは？

次に、よくあるスピーキングの設問タイプの2つ目、「描写」（写真やイラストを見てその状況を描写する）について見てみましょう。

これは、ある写真を見て、その状況を英語で説明する活動です（Picture Describing、略してPDとも呼べます）。

状況説明の練習を重ねることで、日常的に起こる状況を説明する力を養えます。「描写」は、いろいろな形で試験でも出題されています。

- 現在進行形を使ってある人の行動を説明する（英検等）
  例）A man is walking the dog.
- 写真描写の「リスニング」問題（TOEIC）
- 大学入試の「自由英作文」（東京大学や一橋大学、金沢大学など）

写真やイラストの状況を説明するだけでなく、自分でストーリーや背景を考えたりするので、「多角的な視点」で述べたり、「創造力」を発揮したりする力の育成にもつながります（資質・能力の育成）。

人によって異なる多様な回答が生まれるので、楽しく活動できます。

「描写」のやり方

ここからは、「描写」を授業で行う際の工夫点を見てみましょう。

英語での描写力をアップするとともに、資質・能力の1つである、「創造力」も発揮するために、いろいろな工夫が可能です。

- 「描写」活動例①　Talk about the picture.（描写）

　自分が撮影した写真や、おもしろいイラストなどを使います。
　ポイントは、「何をしているのかな」と思う写真を選ぶことです。いろいろな回答が出てきて楽しめます。

- 「描写」活動例②　（描写＋思うこと）

　「次の絵に描かれた状況を簡単に説明したうえで、それについてあなたが思ったことを述べよ。全体で60～80語の英語で答えること。」（2015年度　東京大学　前期）※一部改題

入試対策にもなる！

　スピーキング活動後に英作文を行えば、入試を見据えた練習にもなり、「正確性」のアップにもつながります。

鉄板3タイプ

03 検定にも役立つ活動「主張」

■ タイプ3「主張」とは？

　最後に、設問タイプの3つ目「主張」を見てみましょう。ある事柄に対して自分の意見や賛否を理由とともに主張するものです。
　たとえば、次のような質問に対して意見を述べます。

- Which do you like better, summer vacation or winter vacation?
- Do you think electronic dictionaries are better than paper dictionaries to study English?
- Do you agree or disagree with the following statement? Watching a movie in a theater is better than watching the same movie on TV at home.

　こうした、意見に理由を付けて主張する形式は、英検の2次試験やTOEFLライティング、大学入試の自由英作文などでも問われています。
　「意見を理由とともに表明する」ことは、慣れない生徒にとっては最初は少し難しいかもしれませんが、繰り返すことでだんだんと自分の考えを形成することに知的な面白みを感じられる活動です。

■ OREOの型で話す

　意見文は、話すにせよ書くにせよ、一定の型に沿う必要があります。よくあるのは、次の「3つの型」（主張→サポート→結論）です。

Topic Sentence（主張）：意見の表明
Support（サポート）：主張の補強・補足
Conclusion（結論）：主張の再現

　これだけだと生徒は活用しにくいので、もう少し具体的に、(クッキーの名前のような)「OREO」の型を教えると、生徒は覚えやすくなります。

O：Opinion（意見）
R：Reason（理由）
E：Example（例）、Evidence（証拠）、Explanation（説明）
O：Opinion（意見）

　ビジネス界では、同じような意味合いでPREPという言葉も使われます（P＝Point：「要点」）。意見やレポートの作成に役立ちます。

　「OREO」を教える際は、よく使われる表現も一緒に教えましょう。

O	Opinion	・I think [believe] that SV ・I agree with the opinion that SV
R	Reason	・This (It) is because SV ・One reason is that SV. Another is that SV.
E	Example、Evidence、Explanation 　：理由を裏付けるもの（データ、具体例、説明、専門家の意見など）	
O	Opinion	・In conclusion、SV ・For these reasons、SV

　こうした意見文の型は、ライティング指導からも多くを学べます。特に、山岡大基先生の『英語ライティングの原理原則』(テイエス企画)は、意見文を構築する原理原則を16も示してあり、生徒に文章構成を指導する際の参考になります。

Q&Aを発展させる

01 ①回答例を付ける
②読まずに話す

英語のやり取りを続けるには、Q&Aが重要です（p.50参照）。そこで、帯活動などで行うQ&A練習の留意点や発展のさせ方を見てみましょう。

発展① Q&A集には回答例やポイントを付ける

Q&Aを行うワークシートを作るときには、少し工夫すると、どの学力層の生徒も参加できます。たとえば、Qだけでなく、Aの回答例を載せたり、文法的な一口解説を付けておいたりすることです。

発展② ワークシートを見ずに話す工夫をする

生徒はついワークシートを見ながら活動をしてしまいがちです。ただしこれでは本当の力はついてきません。音読に終わるからです。

そこで、生徒がワークシートを見ない工夫をします。 たとえば、下の例のような回答をメモする欄を「裏面に印刷」します。すると覚えようとします。めくるのが煩わしいからです。さらに、最初の1語（または2語）を載せておくと、言う際のちょっとしたヒントにもなります。

INTERVIEW CARD											Class (　) No. (　) Name (　　　　　)
	1A	①調子	②天気	③曜日	④年齢	⑤誕生日	⑥兄弟	⑦スポーツ	⑧起きる時間	⑨好きな歌手	⑩CD何枚	つなぎ言葉を使ったか
		How	weather	What day	How old	birthday	brothers	sport	what time	singer	How many	
1	□□□□											
2	□□□□											
3	□□□□											
4	□□□□											
:	□□□□											

QA10 (Vol. ●)

今回は英語で聞いて、英語で答える「Q&Aバージョン」です。2年生までに習った表現をマスターすると、去年よりかなりレベルアップしたQ&Aができるようになります。英会話の力を一段とアップさせよう！

(1) やり方
①ペアでジャンケンをして「勝った人」が最初に質問をします。終わったら役割を交代します。
②質問に答える人は、下のAnswer欄の（　　　）がヒントです。これを参考に自分に合うように答えよう。
③質問する人は、相手が答えたら、何か一言返してあげましょう。これが会話を続ける秘策です。
　例）Really?（ほんとに？）　Me, too.（相手が肯定文「私もです」）　You're kidding.（冗談だろ）
　　　I see.（わかりました）　Me, neither.（相手が否定文「私も～じゃないです」）
　　　That's great.（それはすごい）

(2) 注意すること
①最初の4回目までは、質問する人も答える人もこの用紙を見ても大丈夫です。答え方を身につけよう。
②5回目からは、質問する人は裏の一語ヒントを見て、答える人は何も見ないで英問英答しよう。
③後日、下の表現を使ってALTの●●先生と英会話テストを行います。さぁ、それに向けて練習しよう！

No	Questions	Answers
1	□What's the weather like?「天気はどう？」【What's ～like?= How ?】	□It's {fine / cloudy / rainy / snowy / windy}.　晴れ／くもり／雨／雪／風が強い
2	□What time did you get up this morning?「今朝何時に起きた？」【過去】	□I got up at {six / six thirty / seven }.　＊got up = get up（起きる）の過去形を使う
3	□Where do you want to go this winter?　冬休みどこ行きたい？【want to ～「～したい」】	□I want to go to {my cousin's(granpa's) house}.　いとこ(祖父)の家
4	□Which do you like better, rice or bread? ご飯派？パン派？　【比較級】	□I like {rice / bread} better.　米／パン ＊【like ～better =「～の方が好き」】
5	□Which season do you like (the) best?　一番好きな季節は？【the best=「一番」（最上級）】	□I like {spring /summer /autumn /winter }(the) best.　春／夏／秋／冬
6	□What kind of food don't you like?　嫌いな食べ物って何？【don't you～「でない」】	□I don't like {natto / vegemite / hoshi –daikon}　納豆／ベジマイト／干し大根
7	□Can you ski well?【can+動詞「～できる」】冬の名物。スキーできる？	□Yes, I can ski {very well / a little.}／ No, I can't…　とてもうまく／ちょっとだけ／できないわ‥
8	□How many people are there in your family? 何人家族？【How many ～？数】	□There are {four / five / six }people in my family.
9	□Have you ever been to Nagasaki?　修学旅行先。長崎に行ったことある？【Have you ～?「～したことがある？」】	□Yes, I have.+{Just once/Twice}. No,I haven't.　はい．あります。　1回だけ/2回　いいえ．ありません。
10	□What do you want to be in the future?　将来何になりたい？【want to be「～になりたい」】	□I want to be a {baseball player / teacher}.　□Now I'm thinking about it.　今、考え中です。

That's all. Thank you.（全部終わりました。ありがとう。）　OK. It's my turn.（OK、今度は私の番です。）

第3章　すぐ実践できる！　スピーキング活動

Q&Aを発展させる

02　③絞って話す
④年度末検定

発展③　1問から話を継続させる

92～93ページで見たQ&Aの発展のさせ方の続きです。

発展の3例目は、「1問1答でなく、1問について話を深めて話を継続する」です。時間は30秒、1分、2分などとだんだん長くします（これは、中嶋洋一先生（関西外国語大学）から教わりました）。

たとえば、Q2のWhat time did you get up this morning?という質問では、回答役の生徒がこれに関連した話を続けます（もしくは、2人で対話をすることもできます）。回答例です。

I got up at 7:45 this morning. I usually get up at 6:00, but last night, I went to bed at 12:30 because I studied hard for today's test. So I couldn't get up on time...

発展④　年度末にすべてまとめて検定をする

こうして学んだものについては、年度末にすべてのQ&Aや教科書の基本文を言える（&書ける）ようにする「中1（学年）検定」をします。
- 学年の生徒全員が基本文を確実に言える、書ける状態になる
- 英語検定などにも役立つ（文法を例文で覚えることができる）

生徒に次の3点を伝えます。
① 1年間で学習したすべてのQ&A（基本文）リストで一気に復習する
②「口頭テスト」と「筆記テスト」の両方を1月中にクリアする
③ 授業時間内（5分）や休憩中などに検定する。教師が出題する

検定の具体的なやり方は、次の通りです。
①Q&A集や基本文プリントでとくに大切なものを5～10枚選ぶ
②教師は1枚（10～15文）から日本語で2文を口頭で出題する
③生徒は、15秒以内に英文を言えれば「口頭テスト」クリアとなる
④口頭テストにクリアした生徒は、「筆記テスト」に挑戦できる
　＊筆記テストは、元のプリントの「英語部分」を消したもの
⑤口頭テストと筆記テストに合格したら、それぞれスタンプを押したり、
　シールを貼ったりする。欄はプリント作成時に作っておく

中1検定に挑戦！（Vol.●）

①左の日本語を見て英語を言う練習をする【一人】②日本語を見て英語を書く練習をする【ノート練習】

言えたらチェック☑

ユニット6の復習	①私の先生は英語を勉強するためにカナダに行きました。【to 不定詞・副詞的】		①My teacher went to Canada to study English.【to「～するために」】
	②私は将来歌手になりたい。【to 不定詞・名詞的】		②I want to be a singer in the future.【want to ～「～したい」】
	③私は何か飲むものがほしい。【to 不定詞・形容詞的】		③I want something to drink.【something to ～で「何か～するもの」】
道案内の復習	④郵便局への道をおしえてください。		④Could you tell me the way to the post office?
	⑤まっすぐ行きなさい。		⑤Go straight.（Go down this street.）
	⑥二番目の角を左に曲がりなさい。		⑥Turn left at the second corner.
	⑦右側にそれが見えますよ。		⑦You'll see it on your right.
ユニット7の練習	⑧私はケイトよりも背が高い。【比較級「～より・・だ」】		⑧I'm taller than Kate.【形容詞 er ＋ than ～】
	⑨私は家族の中で一番背が高い。【最上級「一番～だ」】		⑨I'm the tallest in my family.【the 形容詞 est＋in (of) ～】
	⑩私は妹と同じくらいの背の高さです。【同等比較「AはBと同じくらい～だ」】		⑩I'm as tall as my sister.【A is as 形容詞 as B】
	⑪あなたは犬と猫ではどちらが好きですか？【「より～だ」】		⑪Which do you like **better**, dogs or cats?
	⑫私は犬のほうが好きです。		⑫I like dogs **better**.

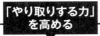

01 ペアで「Chat」を続けよう

Chatとは?

Chatとは、「おしゃべり、談笑」という意味です。生徒が休憩中に友達と話すような感じで、英語でやり取りができる状態を目指します。

目標は、中学1年生は1分間（1 Minute Chat）、中2は2分、中3は3分間ほどです（会話を継続する「ニアシの法則」は、p.50～51参照）。

Chatのやり方

この活動は、通常、2人1組で行います。他にも発展版として、2つのペアが1つになって4人で話す方法もあります。

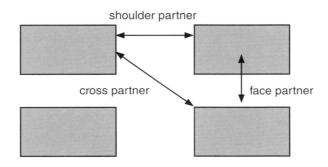

こうすると、4人で3つのペアができます。横ペア shoulder partner、縦ペア face partner、斜めペア cross partner です（英語名は、アメリカ大使館主催の研修会で教わりました）。

右ページのように、話した後に書かせるとより英語力がついてきます。

【提出用】 Chatを続けよう！

Class (　－　) No.(　　) Name (　　　　　　　　　　)

目標	1年生＝1分間　2年生＝2分間　3年生＝3分間 ＊ALTとも同じ時間だけ，英語で話ができるようになろう！	会話が続かないとき(ピンチ)
会話のコツ	1)相手と話を続けるよう努力する。　2)以下の「ニアシの法則」を活用する。 ■①**2文で答える**　（答えは1文で終わらない。もう1文「新情報」を付け足す） 　A: Do you like baseball? 　B: Yes, I do. I like the Giants. 「新情報」を付け足す。 ■②**相づち**（「へぇ」、「すごい」、「楽しかったね」などの相づちで会話を促進する） 　□Really?　□I see.　□That's great.　□That's too bad.　□Pardon? 　□It's fun.　□interesting　□good　□difficult　□delicious) ■③**質問**　（質問すると，どんどん会話が発展する） 　□How about you?　□When?　□Where?　□How?　□How long? 　□And then?　□What else do you play?　□Who with?	■聞き返し □Pardon? □Sorry? ■つなぎ言葉 □Well,　□Um, □Let me see, ■話題チェンジ □By the way,

【Practice！】「ニアシの法則」を使って長く会話を続けよう。　＊1文言うごとに「正」の字でカウント

	Q	自分	相手	A(チャット後，自分のことについて長く書く)　＊3文以上	文数
例	Do you like milk? （食べ物）			No, I don't. I don't like the taste. But I like coffee. I drink coffee every morning. And my father also likes coffee・・・	
①	Do you like rice? （食べ物）				
②	Did you listen to music yesterday? （音楽）				
③	Are you a good baseball player? （スポーツ）				
④	What sport do you like? （スポーツ）				
⑤	Did you watch TV yesterday? （テレビ）				
⑥	その他（考えて記入）				
	合計欄（合計数を記入）				

> 「やり取りする力」を高める

02 多くの人とペア活動!「Sushi Rotation」

Sushi Rotationとは?

　チャットやディスカッションなどのスピーキング活動では、いつも相手が同じだと飽きて活動が停滞してしまうことがあります。
　そのようなときは、ペアを替えていろいろな人と行うとよいでしょう。**同じ活動でも違う人と話し続ければ新鮮な感じで練習を続けられます。**
　これを実現するのが、Sushi Rotationという活動です（外務省の交流事業においてポートランド州立大学でこの活動を学んだときに、日本の回転寿司のようだったので、その場でSushi Rotationと名付けました）。
　活動の仕方は、次のようなイメージです。
　生徒は2列を1セットとして向き合って立ちます。その人と会話をし、終わったら次の人にスライドして会話をします。

指導の手順

　次のように行います。
① 生徒は2列になって向き合って立つ（イスがないほうが移動しやすい）
② 与えられたトピック（やQuestion）から好きに選んでfree chatをする
③ 時間が来たらローテーションする
④ 新しいパートナーと会話をする
　なお、ローテーションをするときに、1人ずつずれるだけよりも、音楽などを流してその間はローテーションし続けて音楽が止まったときに正面にいた人とペアになるようにすれば、新規性や偶然性が高まり、ゲーム感覚で楽しめます。

Sushi Rotationに適した活動

次のような活動が適しています。
- 学年最初の自己紹介活動
- 長期休暇明けに何をしたのか話し合う活動
- スピーチやプレゼンをする前の練習活動

■ Sushi Rotationの様子

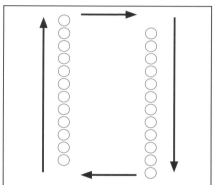

Line-up(Sushi Rotation)

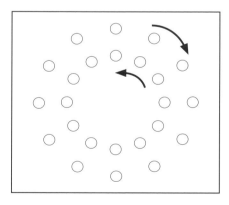

- 上は2列に向き合う方式。左のように二重円になって、両者が顔を向き合わせ、行う方法もあります。

第3章 すぐ実践できる！ スピーキング活動

「やり取りする力」を高める

03 トピックを工夫する！「ディスカッション」

■ディスカッションが難しそうな理由

　授業でディスカッションやディベートをやろうと思っても心理的な壁がある場合も多いかと思います。たとえば次のような理由からです。
- うちの生徒は、まだそこまでのレベルに達していない
- ディスカッションやディベートに必要な準備ができていない

　以前の私もそう思っていました。しかし53ページで見たように、思い切ってやってみると、生徒はかなりできてしまったのです。正直、「ここまでできるとは思わなかった！」というほどでした。分かったことは次のことです。

- **生徒は思った以上にやり取りする活動を楽しむ**

　「今日は英語でディスカッションをしてみよう」と生徒に伝えたときにとくに英語力がかなり高い生徒も笑顔になりました。生徒は起立してジェスチャーもつけながら、笑顔で対話を楽しみます。

- **「いきなりは難しいかも」という活動も、「えいやっ」とやってみることが大切**（p.52〜53参照）

　これは、多くの活動に当てはまる考えです。きちんと段階を踏んでからという指導も大切ですが、まずやってみて、アンケートで生徒に難しかったところを聞いてそれを修正するというやり方も効果的です。

ディスカッションの手順

① Today's topic（例：Do we need school uniforms?）を伝える
　ディスカッションにはじめて取り組む場合には、以前、扱ったことのあるトピックにすると、内容を知っているのでやりやすくなります。
② 生徒は自分が話したいキーワードを用紙にメモする（1分間）
　賛否や理由、具体例等などを、名詞と動詞で簡潔にメモします。
③ ペアでジャンケンをする
　勝ったほうが①の質問を相手にして会話を始めます。負けたほうは自分の意見やその理由を言います。
　　例）　勝ち：Do you think we need school uniforms?
　　　　　負け：Yes（No），……
④ 起立して始める

ディスカッション指導の留意点

① How about you? は2回まで
　対話をしていて、相手の意見を聞きたいときや、自分が話し続けられなくなったときには、How about you? と言えばいいです。ただし、2分間で2回までとします（制限を設けることで、容易にHow about you? を言わなくなり、責任をもって英語を話そうとします）。
② **2分間はストップせずにペアで必ず話し続ける**
　そうなるよう、お互い協力して話題を続ける。ネイティブは「空白が4秒あると違和感を覚える」そうなので、間は3秒までとします。
③ ここでは、[やり取り]なので、ワードカウンターで**語数は数えない**

> 「やり取りする力」を高める

04 ポイント制の「トリオ・ディスカッション」

■「トリオ・ディスカッション」とは？

　思い切ってディスカッションを導入しても、話が続かないなどの課題が生じることがあります。そのようなときに役立つのがこの実践です。
　これは、3〜4人で英会話を楽しみつつ自分たちの意見を言い合う英会話ゲームです（出水田隆文先生（鹿児島県）考案のiTalkを参考にしました）。
　生徒はこれらの表現を使うとポイントが入るシステムで、会話を楽しみつつ、ディスカッションで役立つ表現を身につけることができます。

■ 指導の手順

① 会話で使える「表現」の発音練習をする（使うと得点が入る）
　□ Let me try, first.（最初に言うと高得点）
　□ Who's next?　□ I'll be next.　□ I like your idea.
　□ You say 〜 , right?　□ I agree with you because 〜 .
② 本日のお題を示す（日常生活の話／社会的な話題）
　例) What do you want to do in the future?
　　　Studying in groups is better than studying alone in class.
③ 3人で立って会話する（紙の□に✔をつけつつアイコンタクトも）
④ （時間が来たら）Nice talking with you. と言って終了する
⑤ 自分の話した内容を英語で3分間程度で書かせる（正確性向上）
　話題にもよりますが、高校生は3分で40語程度書いています。

ポイント制！「トリオ・ディスカッション」

【1 内容】：下のディスカッション表現を使いつつ，3人でグループディスカッションを楽しむ（3分）。
【2 目的】：3人で話をすることで，自分1人のときよりも「深い」「多様な」内容に到ることを目指す。
【3 方法】：①3人になる。②トピックを書く。③立って会話する。（紙の□に✔しつつアイコンタクトも）。
【4 注意】：①全員がバランスよく（時間）話す。②相手の意見と関連させて話す。③Nice talking.でお別れする。

◆Today's Topic　　　　　　　　　　　　　　　　　■Date (　　/　　)

◆Useful Expressions for Discussion　【第1発言3点／意見2点／コメント1点】

使用場面(機能)	使用表現（1フレーズ1点，ただし①で先導した人は3点！）	使用✔	得点
1 開始	□①Let me try〔go〕, first.(挙手しながら！) 3点！ □②Will you go first? (あなたから始めてくれる？) 1点		
2 意見	□③I think ～ because ・・・. 2点 □④In my opinion (私の意見では), ～ 2点 □⑤As far as I know〔hear〕, ～ （私が知る限りでは～）2点		
3 賛成	□⑥I agree with you because ～. 2点 □⑦I like your idea. (Your idea is nice.) 1点 □⑧You're right. (あなたの言う通り)(Exactly.) 1点		
4 反対	□⑨That may be so〔I respect your opinion〕, but I think ・・ 2点 □⑩I'm afraid I don't agree with you. (I don't think so.) 1点		
5 質問	□⑪Excuse me, can I ask you a question? 1点 □⑫Why do you think so? 1点 □⑬Could you give me an example〔a reason〕?(例(理由)を出してくれる？) 1点 □⑭What do you think about my opinion? (～についてどう思う？) 1点		
6 つなぐ	□⑮Who's next?　（→I'll be next.）1点 □⑯Do you have any ideas? 1点 □⑰You said that ～, but〔and〕・・・? 2点		
7 結論	□⑱For these reasons,～　（このような理由で）2点 □⑲In conclusion, ～（結論は～）*In summary,～.（要約すると）2点 □⑳Please let me finish.（最後まで言わせて）2点		

◆合計点（各自記入）：(　　　　　)

◆3 Minute Writing (Write your opinion about the topic.)

(　　　) words

英語で言いたかったけれど言えなかった表現

Class (　-　) No. (　　) Name (　　　　　　　)

「やり取りする力」を高める

05 1試合2分でできる「ミニ・ディベート」

英語ディベートの入門編のススメ

いつかはしてみたいと思いながらも、つい尻込みしがちな活動が「ディベート」ではないでしょうか。準備が大変そうで指導も複雑そうです。

そんなときにオススメなのが、1試合2分のミニ・ディベートです。準備から実施まで20分で可能です。本格ディベート（情報収集や論理性を重視）の前におすすめの「語数勝負」の活動です（「ワードカウンター」の語数カウントとうまく連動している）。

右ページの用紙を使えば準備もいらず比較的簡単に実施できます。やり方や発話例のサンプルも載せていて、かつ、1回の発話が30秒なので、どの生徒でも取り組みやすい活動です（詳しくは、西巌弘先生の『ワードカウンターを活用した驚異のスピーキング活動22』（明治図書）参照。内容勝負の「発展版」も紹介されています）。

指導の手順

① ディベートの基本事項を日本語でおさえる（教科書などを活用）
② 4人1グループになる
③ ディベートのハンドアウトを配付する（右ページ参照）
④ グループ内でじゃんけんをして、4人それぞれの役割を決める
　debater（肯定・否定スピーチ）、judge（肯定・否定の語数カウント）
⑤ ハンドアウトにしたがって準備を進める
⑥ ミニ・ディベート（1試合2分）を体験する（1回4試合）

1試合2分の「ミニ・ディベート」①入門版（語数勝負）目的：形式に慣れたくさん話すこと

Class (　　) No. (　　) Name (　　　　　　　　　　　)

● 1 対 1 で WPM が多い方の勝ち　● 1 試合 2 分　①肯定（30秒）②否定（30秒）③肯定（30秒）④否定（30秒）

■ **（1）準備1（5分）**　～トピックの good points と bad points をできるだけ多く英語でメモ～

①書き方の例		②（本日のトピックで実際に）書いてみよう	
Topic	Mobile phones, good or bad?	Topic	
＋ good points	・useful in cities ・safe after dark ＊アイデアは多く書く（各4つ以上） ＊英語でキーワードを書く（文は×） ＊メモは後で話すときに活用する	＋ good points	
－ bad points	・expensive - cannot use often ・manners in trains / buses	－ bad points	

■ **（2）準備2（5分）**　～相手の反論を予測～

①書き方の例			
Topic	Mobile phones, good or bad?		＊（1）のメモから主要点から書き写す ＊予想される反論を書く（肯定＆否定） ＊4つとも書く（後で話すときに活用）
position	＋（affirmative side）		－（negative side）
1	useful in cities	⇔	not useful in countryside
2	safe after dark	⇔	dangerous sites for children
3	cheaper plans for students	⇔	more expensive than telephone
4	most people use quietly	⇔	bad manners in trains / buses

②（本日のトピックで）書いてみよう			
Topic			
position	＋（affirmative side）		－（negative side）
1		⇔	
2		⇔	
3		⇔	
4		⇔	

■ **（3）準備3（4人（A～D）の役割とWPMスコア表）**＊（　）に30秒×2回のWPM（計1分）を足して書く。

①じゃんけんでA～D役を決定　②全4試合（1st～4th）　③ディベーター2人は立つ（メモから具体例をふくらませる，相手を見て話す）
④ジャッジは語数計測　⑤Start./Switch./Stop.の合図で30秒話す（肯→否→肯→否）　⑥ディベーター2回（肯＆否）の合計WPMが多い人の勝ち

Person		A	B	C	D
Name		計【　】WPM	計【　】WPM	計【　】WPM	計【　】WPM
Match	1st	debater（肯定）（　）WPM	debater（否定）（　）WPM	judge（肯定）	judge（否定）
	2nd	judge（肯定）	judge（否定）	debater（肯定）（　）WPM	debater（否定）（　）WPM
	3rd	debater（否定）（　）WPM	judge（否定）	judge（否定）	debater（肯定）（　）WPM
	4th	judge（否定）	debater（肯定）（　）WPM	debater（否定）（　）WPM	judge（肯定）

■ **（4）本番（2分×4試合）【発話例】**準備2のメモをもとにふくらませて（例や説明を入れる）話す

（肯定）<u>Mobile phones are good because they are useful in cities. For example, when we want to meet friends, we can easily find them using our phones.</u>
（否定）<u>I don't think mobile phones are useful. Especially in the countryside or in the mountains, there are many places where you can't use mobile phones. Also, they are expensive</u>・・

01 誰もができる「ポスターセッション」

ポスターセッションとは？

　ポスターセッションとは、自分の考えを模造紙などの大きな用紙にまとめて、それを発表してお互いに学び合う活動のことです。よく研究結果の発表などの方法に使われます。

　情報を整理して紙に工夫してまとめることで文字表現力がつき、また、それらを口頭で発表することで発表力のアップにもつながります。

指導の手順

1. 設定されたテーマについて self- reflection を行う

　例）夏休みの一番の思い出
　　　自分が好きな先生、その先生がしてくれたこと
　　　教科書本文のある単元

2. 先生が書き方のモデルを示す（または先輩のモデル）

　先生のモデルを聴いたり見たりすることで、書き方が分かります。
　良いモデルがあれば、全体の生徒のレベルが上がります。

3. 用紙（巨大 Post it も可能）を渡す

　模造紙だけでなくB4やA3の用紙も使えます。また、頻繁には使えませんが、すぐに壁に貼れる巨大なポストイットもあります。インターネットで購入可能で、post it easel pads で検索すると20ドルくらいで購入できます。

あわせてマジックやクーピーなども机に置いておけば、生徒は必要なものを使うことができます。

4. 個人で用紙に内容を表現する

1人1枚作成するので、責任感が生じます。1つの作品を創り上げることで、生徒は充実感を得ることができます。

作業の途中で、人の作品を見て回る時間をとると（ギャラリーウォーク、中間報告会）、さらに他者の良い例から学ぶことができます。なお、用紙に、自分の名前を書くのを忘れないようにします。

作品の保管の方法についてですが、本人に返却する前にデジカメなどで画像で保管しておけば、次年度などにも活用しやすくなります。

5. 発表し合う

用紙にまとめた後の発表の仕方には、いくつか方法があります。
- 用紙を見せながらグループなどに分かれて発表し合う
- クラスをブースのように区切り、人が見にきたときに発表する

なお、参観中は、人の作品を見聞きするだけでなく、印象に残ったことやキーワードなどをメモするようにすると学びが残りやすくなります。

■夏休み明けの思い出　　　　■壁面にポストイットを貼って作業

「発表する力」を高める

02 活用場面が多い！「スキット」

スキットとは？

　スキットとは「寸劇」のことで、ごく短い演劇のことです（広辞苑）。
　英語授業では主に［発表］の力を鍛えるのに使います。新学習指導要領での言語活動の2つ目の「イ」にある、「日常的な話題について、事実や自分の考え、気持ちなどをまとめ、簡単なスピーチをする活動」にあたります。**教科書本文を参考にしつつ、伝えたい内容を好きな表現で工夫でき多様性や創造性を育める、生徒が大好きな活動の1つです。**

スキットの活用場面は？

　授業でスキットは大活躍します。目的や活用場面はさまざまです。
① 授業内で簡易スキット（その日に学習した本文の一部を変えて演じる）
② ペアで創作スキット（複数レッスンの言語材料を活用させるなどして）
③ グループで創作スキット（学年末などにグループで大型スキットを）

指導の手順

　スキットは、次のような手順でやると盛り上がり、多くを学べます。
① やり方を示したプリントを配布して、条件や評価を確認する
② 個人で考えた後で、ペアやグループで練り上げる
③ 本番を行い、その時間内に、優秀スキットの投票を行う
④ 後日、投票結果を公表し、互いの良い点を学び、次の活動につなげる

■スキットコンテスト　実施要項（生徒用ガイダンス資料）

中1英語のまとめ　～学年末スキット（寸劇）コンテスト～

Class （ 1 ―　　）　No. （　　）　Name （　　　　　　　　　　　　　　　）

（1）「グループ」（4人組）での暗唱スキットについて
① 今回は、1年間の英語学習の「まとめ」として、よりダイナミックに演じられるよう「グループ」発表(4人組)で行います。
② 原稿は、1グループ16文以上で作ること（1人が4文以上）。
③ 3学期までに学習した次の文法は全て入れること。（復習にもつながる。）
　　□whose(L●)　□過去形(L●)　□助動詞2つ以上(L●)　＊「スラスラ英QA」もできるだけ活用する(スラ英Book)
　　「誰の～」　　「～した」　　「～かも、できる、しなければならない・・」
④ 原稿の「アイデア＆清書」は、本プリント裏(p.2)に書き、スキット発表後に提出する（「表現力」の観点で評価する）。

（2）本番の評価はこうなる！　～評価が分かれば対策ができる☆～

評価		最高！ ← → あらっ？				
関・意・態	場面を「イキイキ」と表現しようとしている。 (内容工夫、表情、声色、話す速さ、強弱など)	5	4	3	2	1
表　現	正しい「発音」で、つまらず話せている。	5	4	3	2	1

（3）スキット特訓法とその他情報
① 原稿が出来たら、音読を何度もしよう！～スラスラロから出てくるまで☆
　　自分たちの作った英文をまずは確実に覚えましょう。（緊張して頭が真っ白になっても、口からスラスラ英語が出る状態が目標。）
② 役になりきろう！～伝えたいところはハッキリと☆
　　言いたいところは強く、ハッキリ発音しよう。見ている人から「笑い」がとれたら最高です！ジェスチャー・小道具も活用しよう。
③ 相互評価
　　友達の発表を聞いて、発表者の良かった点をメモに書きます。
④ スキットのよかったグループ、ベスト3を皆さんが選びます！（投票）
⑤ 校内レシテーションコンテストを思い出そう！
　　代表発表者のよかった点をマネしよう！イキイキ感？堂々と？小道具？発音？よいものはどんどんマネをして上達しましょう！

（4）評価記入表（自分たちの名字も書く。自己評価もする）　＊各グループで特によかった個人名にも〇をします（1～2名）。

	発表者	発表者	発表者	発表者	場面表現	正しい発音	合計得点	ここが良かったメモ☆
1					5 4 3 2 1	5 4 3 2 1	点	
2					5 4 3 2 1	5 4 3 2 1	点	
3					5 4 3 2 1	5 4 3 2 1	点	
4					5 4 3 2 1	5 4 3 2 1	点	
5					5 4 3 2 1	5 4 3 2 1	点	

＊【チェック】各グループで特によかった人（1～2名）に〇をしていますか？

（5）発表を振り返っての感想（全員の発表が終わってから記入する）

発表を終えての感想	
発表で工夫した点	
反省！こうすればよかった	

（6）学年末暗唱スキットコンテスト優秀「グループ＆個人」投票用紙　「1年間のまとめ」

発表順番	個人賞		その「グループ」を選んだ理由
	場面イキイキ賞	発音good！賞	

※2つの評価（場面表現・発音）を考えて投票しよう！

■生徒用スキット作成用紙

学年末スキットコンテスト「アイデア&清書用紙」（提出用）

Class (1 —   ) No. (   ) Name (   )

■構成を考えよう！（今回は、比較して考えやすいよう、自分で考える用紙と清書用紙を1枚にまとめています。）

考えること	自分で考えたアイデア	グループ討議で決定したこと
①グループメンバー（4人）の名前を書こう。	(No)＆【Name】( )【 】( )【 】	( )【 】( )【 】
②whose をどんな場面で使いたい？【参考L.●】		
③過去形をどんな場面で使いたい？【参考L.●】		
④助動詞をどんな場面で使いたい？【参考L.●】		
⑤上の①〜③を合わせてどんなストーリーに？		
⑥4人の登場人物名は？（キャラ名）【生徒名】	( )【 】( )【 】	( )【 】( )【 】
⑦実際に、下にスキットを書いてみよう。	⑧文法チェック欄（次の文を含んでいるか確認し、あれば□にチェックする。英文には下線。） □ whose(L.●) □ 過去形(L.●) □ 助動詞2つ以上(L.●) □ できれば「スラ英QA」	

自分の考えたスキット（アイデアを書く）	グループで考えたスキット（特にていねいに清書を！）
〈登場人物〉〈セリフ〉〈演出の工夫メモ（小道具，ジェスチャーなど）〉	〈登場人物〉〈セリフ〉〈演出の工夫メモ（小道具，ジェスチャーなど）〉
1 【 】：	1 【 】：
2 【 】：	2 【 】：
3 【 】：	3 【 】：
4 【 】：	4 【 】：
5 【 】：	5 【 】：
6 【 】：	6 【 】：
7 【 】：	7 【 】：
8 【 】：	8 【 】：
9 【 】：	9 【 】：
10 【 】：	10 【 】：
11 【 】：	11 【 】：
12 【 】：	12 【 】：
13 【 】：	13 【 】：
14 【 】：	14 【 】：
15 【 】：	15 【 】：
16 【 】：	16 【 】：
17 【 】：	17 【 】：
18 【 】：	18 【 】：
19 【 】：	19 【 】：
20 【 】：	20 【 】：
21 【 】：	21 【 】：
22 【 】：	22 【 】：
23 【 】：	23 【 】：
24 【 】：	24 【 】：
25 【 】：	25 【 】：
⑨ 一人一人が担当する，英文数の合計を書こう。（1人4文以上に。） ◆【 】(文) ◆【 】(文) ◆【 】(文) ◆【 】(文)	一人一人が担当する，英文数の合計を書こう。（1人4文以上に。） ◆【 】(文) ◆【 】(文) ◆【 】(文) ◆【 】(文)

■スキットコンテスト結果発表用紙

学年末スキット　結果大発表会！！

お待たせしました！！学年末スキットコンテストの結果発表です！今回は、1年間のまとめとして、よりダイナミックな発表となるよう、グループ発表としました。受賞者とクラスメイトからのコメントも掲載します。皆さん、よく頑張りました！

【1−1】

	No.	Names	（生徒からの）Comments
第1位	1	□□・□□・□□・□□	デスノートを使った場面設定でよく分かった。演技がよかった。
第2位	2	□□・□□・□□・□□	亀が引きずられていておもしろい。みんな発音がgood。
第3位	4	□□・□□・□□・□□	長いスキットで分かりやすい。かなりリアル。スラスラ言えていた。
個人賞	場面イキイキ賞（なりきったね！）		□□・□□・□□・□□
	発音 good 賞（発音いいね！）		□□・□□・□□・□□

【1−2】

	No.	Names	Comments
第1位	3	□□・□□・□□・□□	発音と暗記がすごい！□□君の普段の生活そのままスキット。
第2位	5	□□・□□・□□・□□	廊下、教室、道具入れの3ヶ所を使ってダイナミック！紙も使った。
第3位	4	□□・□□・□□・□□	自然な演技と発音がよい。走ったりする演技もよかった。
個人賞	場面イキイキ賞（なりきったね！）		□□・□□・□□
	発音 good 賞（発音いいね！）		□□・□□・□□

【1−3】

	No.	Names	Comments
第1位	3	□□・□□・□□・□□	ペリーなど歴史上の人物でおもしろい。□□君の登場と声に迫力！
第2位	4	□□・□□・□□・□□	「砂かけばばあ」の発音がよい。鬼太郎の内容もおもしろかった。
第3位	2	□□・□□・□□・□□	みんな声が大きくておもしろい。ちびまる子役になりきっていた。
個人賞	場面イキイキ賞（なりきったね！）		□□・□□・□□・□□
	発音 good 賞（発音いいね！）		□□・□□・□□・□□

今回は、今までの「ペアスキット」から「グループスキット」にしたことで、次のような変化が見られました。

①役柄、状況設定が幅広くなった。（授業中、竜宮城、いじめ、野球、チョコ、デスノート・・）
②内容を考えるとき、いろいろなアイデアの交流ができていた。（4人寄れば文殊の知恵）
③「グループの方が緊張しないで発表できる」という感想もあった。

自分の作ったスキットを覚えてなりきって演じている瞬間、あなたはまさに「英語を使っている」のです。
自分たちの言いたいことを言いたい表現で工夫することで、英語力、創造力など大きく力が伸びる活動なのです。
この1年間で、皆さんは合計3回のスキットを行いました。歴代の受賞者たちを改めて紹介します。

	【1学期第1回】 「あれは何だ？」	【2学期第2回】 「進行形スキット」
1−1	(□□・□□) (□□・□□) (□□・□□)	(□□・□□) (□□・□□) (□□・□□)
1−2	(□□・□□) (□□・□□) (□□・□□)	(□□・□□) (□□・□□) (□□・□□)
1−3	(□□・□□) (□□・□□) (□□・□□)	(□□・□□) (□□・□□) (□□・□□)

みなさん、この1年間よくがんばりましたね！拍手をおくります。次年度も頑張りましょう！

「発表する力」を高める

03 スピーキングに慣れる！「リテリング」

リテリングを続けると生徒が主体的になる

72ページでご覧いただいたように、リテリングとは、教科書本文等の内容を口頭で他者に伝える活動で、基本的に、ペアになって1人ずつ行います。この活動は可能性が大きく、多くのメリットがあります。

- どの学力層の生徒でも挑戦できる（苦手な生徒は大切な文を覚えることから始めるとよい）
- 英語を話すことに慣れる（継続すれば英語を話す機会が増えるので）
- 学習姿勢が能動的になる（アウトプットを求められるので）
- 深く学べる（説明できるまで理解する必要があるので）
- 単語力がつく（単語を言い換えたり、調べたりするなど）
- 音読練習に意欲的になる（音読の意義が分かるので）
- 家庭での音声練習時間が増える（発表に向けて準備をするので）
- プレゼン風のリテリングにすることで相手の引きつけ方を学べる
- （ペアを替えることで）多くの人から話す技術や表現方法を学べる

生徒のレベルに応じたリテリング支援の方法

リテリングの基本的な指導手順については、72ページで見た通りです。ここでは、生徒のレベルに応じてできる支援（「足場づくり／足場かけ」）の例を見てみましょう。

- 「流れ」を示すイラストを黒板に貼って（必要に応じて）参照させる

- ストーリーに関連する「キーワード」を板書（プリント）する
- リテリング用の要約文を作りキーワードを（　　）にして埋めさせながら行う
- （必要に応じて）英文を見てもよい（話すときは顔を上げて話す）

　生徒が活動に慣れたら、こうした足場づくりをなくして、「読んですぐにリテリング」するというようにさらに高みを目指してもよいでしょう。

リテリングを軌道に乗せるコツ

　教科書本文のリテリングは、準備をすると必ず向上します。そして先ほど見たようにメリットがとても多い優れた活動です。

　この活動を軌道に乗せるには、ただ「リテリングしなさい」では十分ではありません。

- 相手や目的を設定する（例：ガイドになって）
- ワードカウンターで語数をカウントする（多く話そうとする）
- 音読や暗唱などの準備（復習）をする

「発表する力」を高める

04 プレゼン風に！「ショートプレゼンテーション」

▎リテリングをプレゼンのレベルに高める

　教科書本文のリテリングを継続的に授業で行う場合（授業の最初に前時の復習とする）、リテリングを「プレゼンの練習」と発展的に捉えると、活動が楽しくなり、生徒の表現力が伸びてきます。

　生徒には、「リテリングをプレゼン風に行うことで、英語力だけでなく、ジェスチャーや語り方を工夫し、これからの時代で必要となる表現力も伸ばしていこう！」と語ります。（そのため私は、1分間リテリングのことをShort Presentation、略してSPと呼んでいます）

　SPにする秘訣は、本文要約Summaryだけではなく、オリジナル要素の感想、体験など新情報Something Newを加えて、立って行うこと。聞き手も楽しく、話し手も家で新情報を探究し始めます。

　「話し手」はプレゼンを意識して、次のような工夫ができます。
□ジェスチャー　□相手を巻き込む　□問いかける　□構成を考える
□相手になじみのある具体例を出す　□一生懸命だと伝わる
□ナンバリング　□自分の体験を入れる　□黒板を使う
□本文に沿った自分の意見を入れる　□相手を見る
□スラスラ言えるくらい練習する　□聞く人を見る（相手を尊重）

　「聞き手」もgood listenerになるよう次のような点に配慮します。
□うなずく　□笑顔で聞く　□関心をもって聞く　□必要なら助ける

■プレゼングッズを自作すると発表によりこだわりが生まれる

「発表する力」を高める

05 学びを深める！「ICEモデル」

「深い学び」を実現するモデル

「主体的・対話的で深い学び」の中の1つである、「深い学び」を実現するには、型や分類の活用が有効で、Bloomの「思考の6分類」や、YoungとWilsonの「ICEモデル」が有名です。

ここでは、**ICEモデル**を活用して「深い学び」を目指すプレゼンの試みをご紹介します。他教科や総合的な学習の時間でも活用できます。

「ICEモデル」とは？

ICEは「アクティブ・ラーニングを加速するモデル」といわれ、学習をI→C→Eと3段階で発展的に示し、特徴を動詞で示したものです。

I = Ideas：考え・知識	□暗記する　□列挙する　□定義する
C = Connections：つながり	□比較する　□推論する　□解釈する
E = Extensions：応用・広がり	□提案する　□評価する　□創造する

（出典）Sue Fostaty Youngs他、2013をもとに作成

これを参考にして、「深い学びにするために、ICEモデルのCやEレベルの発表内容（原稿）を目指してみよう」と生徒に語りかけます。

I ＝ Ideas：教科書の「要約」・「説明」Summaryのみを語る
C ＝ Connections：「比較」・経験や別の事との「つながり」を語る
E ＝ Extensions：解決策や新製品を「創造」・「提案」する

右ページは、生徒のプレゼン原稿をICEモデルで分類したものです。

① 【E段階】（創造）＊他単元との共通点提案	② 【C段階】（比較）＊ニュース等新情報追加	③ 【I段階】（要約）＊教科書のsummaryのみ
Do you have confidence in yourself and have the courage to put your beliefs into action? 　Kanto Tomoko is a doctor who worked in the field with MSF. MSF helps people all over the world no matter what race, religion, or politics they have. Let's remember Lesson 1. Do you remember William Kamkwamba? 　I think Dr. Kanto and William have a lot in common. Dr. Kanto encountered a situation in which she had to make a difficult decision. Finally, she put her belief into action. William built a windmill all by himself. Even though his neighbors laughed at him, he made it. Why do you think they could put their beliefs into action? It's because they had courage and confidence in themselves. I think the confidence came from experience, strong will, and rich knowledge.	Do you like volunteer activities? I like them. I'll tell you about a Japanese volunteer worker and my opinion on the topic. 　Dr. Kanto is a Japanese doctor. She was the first Japanese person to join MSF. She went to Madhu as a volunteer worker. 　Sometimes she had to make difficult decisions. She didn't know if they were the right decisions. But she said that they were very important to her as they gave true meaning to her life and work. There are many people who are suffering from disasters, not only abroad, but also in Japan. For example, now in the Kyushu area, there are many people suffering from a disaster. Volunteer work can help them and make such people happy. That's why I like volunteer activities.	Do you know MSF? MSF is an international volunteer group which helps people who are suffering from war and disasters. Dr. Kanto was one of the members of MSF. 　Her days in Sri Lanka were hard. Every day, she treated as many as 150 people, even soldiers. 　One day, a five-year-old boy arrived at her hospital. She thought the boy was beyond help, but she gave him oxygen at first. Shortly afterwards she stopped giving it, because the oxygen supply was limited. She made a very difficult decision. 　After finishing her work, she said, "Have confidence in yourself and have the courage to put your beliefs into action."

オススメ英語サイト③

NHK World Radio Japan

英語の授業や家庭学習で使えるウェブサイトやアプリを紹介します。第3回目は、「NHK World Radio Japan」というラジオ（アプリ）です。ネットで聴ける番組は以下のアドレスです。

https://www3.nhk.or.jp/nhkworld/

　海外向けのNHKラジオ放送です。日本と世界の主なニュースを英語で聴くことができます。さらに英語でやさしい日本語を学ぶプログラムもあります。

　NHK World Radio Japanの特徴や使い方をご紹介します。
① **上記アプリをスマホにインストールして使う**
　（私は通勤中に車内で聞いています）
② **アプリなので、ラジオの放送時刻に関係なく好きなときに聞ける**
③ **日本のニュースが多く、背景知識があるので英語でも聞きやすい**
④ **ニュースなので1回の放送が短く聞きやすい**
⑤ **よく読まれている（見られている）動画ニュースのランキングもある**

　上記のような特徴のため、あまり負担にならずに聞き続けることができるので、言語学習に大変優れています。

第4章

スピーキング力がつく！宿題、試験、評価

01 スピーキング授業と家庭学習のリンク

授業と家庭学習をリンクさせる目的

「授業だけでなく家庭学習も頑張ってくれたらなぁ」と多くの先生方がお思いのことだと思います。

家庭学習には、「学習方法」「学習内容」「学習習慣」の定着など、多くの効用があります。たとえば、「学習内容」だけを見ても、家庭学習をする生徒としない生徒では、その習熟や定着度に大きな差が生まれます。

では、どうやったら生徒は家庭学習に取り組むようになるでしょうか。

ポイントは、「意義や必要性」「楽しさ」を感じることです。**「楽しい」「やっててよかった」「やってうまくなった」「やっておけばよかった」と思うと、生徒は家庭学習に意義を見出すようになります。**これが、授業と家庭学習をリンクさせる目的です。

授業と家庭学習のリンク例

では、授業と家庭学習をどうリンクさせればいいでしょうか。

拙著『英語家庭学習指導ガイドブック』（明治図書）では、家庭学習と授業を、「復習（習熟）」、「予習（準備）」、「発展（活用）」の3つに分類し、これを「授業（家庭学習前）−家庭学習−授業（家庭学習後）」でリンクすることを提案しました。

それをもとに、とくに効果的だったリンクを3つご紹介します。

1. 授業の「音読発表」や「音読テスト」とリンクする

「自宅で音読をする」という指示だけよりも、授業で「音読発表」や「音

読テスト」を位置づけると、生徒の音読練習量は飛躍的に増えます。

　たとえば、音読テスト前後の家庭での音読練習の回数（2クラス）を調べてみると、音読テストを実施する前（＝つまり通常時）は1人平均16回のところ、音読テスト後（＝テストがあると分かってから）は35回であり、平均で1人あたり19回も練習の回数が増えていました。

　音読テストは、生徒の音読練習量に大きな影響があることが分かります。これだけ波及効果が高い音読テストを「1人20秒」という短時間で実施する方法があります（井ノ森高詩先生（福岡県）から教わりました）。

① 出席番号順に4人ずつ教壇に立ち、前の人が終わった続きから読む
② 1人が読むのはたった20秒（20秒経つと合図の鈴が鳴る）
③ 20秒の合図が鳴ると、今読んでいる文末まで読む
④ 次の人は、続きを読む（リレー方式）

　これだと短時間で音読テストが実施できます。他にも、「●秒以内で読めるように練習」と数値を入れて指示をすると、練習がはかどります。

2.　定期テストに音読を促進する問題を入れる

　定期テストに音読を促進する問題を入れるのも効果的です。たとえば、既習の本文の一部を空欄にしておき、そこに入る語を答えさせる問題です（選択肢から選ばせてもよい）。本文をしっかり音読しておくと、解きやすくなるので、テスト前でも生徒の音読練習量が減りません。

3.　ワードカウンターで語数を意識する

　授業にワードカウンターなどによるモノログ発表（やリテリング）をあらかじめ位置づけておき、次の授業のお題を先に示して「この話題で●語以上（たとえば80語）話せるように練習してこよう」と指示するのも有効です。ノートで英作文をして、口頭練習をしてくる生徒が増えてきます。

　家庭学習指導は、それ単体よりも、授業やテストとリンクすることで、より効果が高まってきます。

02 スピーキング授業と検定試験のリンク

外部検定試験に向けて取り組む授業

　各学校のCAN-DOリストなどに、外部試験が入っている場合など、外部検定に向けた学習を進めて「英語4技能」の力をアップさせる取り組みをすることがあるでしょう。

　たとえば、外部検定のある時期にかけて、その検定の問題集を使って集中的に演習を行う期間を設けるなどです(全員が問題集を購入してそれを使います)。

　この集中的な演習期間を通して、その後に行われる別の試験でも「読解力」と「リスニング力」などの向上が期待できます。

指導の手順

① 外部検定受検の趣旨(メリット等)を伝える
②(全員受検という制度にしていない場合は)できるだけ多くの人が受検するよう勧める(受検の準備を通して英語力を高める機会とする)
　例)準2級を取っていない人は基本的に準2級を受けましょう。
③ ただし、受検料が個人負担の場合は、保護者の方にお願いをして、前向きに検討していただくように伝える
④ 授業で、4技能をアップさせる取り組みを行う(右ページ参照)

【提出用】英検（準２）級 計画・記録表

（　-　）No.（　　　　）名前（　　　　　　　　　　　）

1 成功する英検学習の進め方（ポイント）　＊よく読んでポイントを確認すること

(1) **英検学習の目的**は，英検の集中演習を通して**4技能（聞く・読む・話す・書く）をアップ**することです（受験しない人も模試に向けて）。検定演習での技能向上は，**大学受験（センターや私大・国公立の個別試験）や大学での学習にも有効**とされています。
(2) 英検準２級の試験は，**筆記75分とリスニング25分**です。それぞれの問題詳細は，一番下の表を参照してください。
(3) 各問題を演習する前に，まず**模擬演習**を行います（約２時間）。最初に問題の**全体像と弱みを把握**することが重要です。各問題の演習は，全問題のイメージと強み・弱みをつかんでから行うと効果的です（その逆だと時間がかかります）。
(4) 授業は次のように進めます。**授業1時間で演習1回分以上進める。** ＊**授業欠席者は次の授業までに自分で解いておく。**
　①スピーキング（２次用）②リスニング　③復習（問題集を交換して単語などをペアで出題し合う）④筆記演習　⑤解答・復習
　＊不定期に自由英作文の演習あり。＊自宅でも単語やリスニングなどの学習を各自で続ける。**問題集を進めてもよい。**
(5) 模擬演習で全体像を把握したら，本番までの**「自己目標」（強気で！数字を入れて！）**を設定します。
　自己目標：＿＿
(6) **学習計画**を立てます。**本番までに全ての問題を終える**ように（週ごとの）学習計画を立ててください（問題集に書き込み）。なお，問題の先取りはOKです。**計画より早めにどんどん学習を各自で進めましょう**（早く終わると演習問題ができる）。
(7) 英検合格に必要なのは，「暗記・演習・復習」の3点セットです。以下のポイントを頭に入れてください。
　●**暗記**：単語帳や問題集で単語や熟語を暗記する（**問題集下部にもあり！**）。単語の増強は受験勉強に非常に役立つ。この機会にどん欲に行う。
　●**演習**：「**時間内で**」問題演習を行う。「**辞書**」は使わない。解答の度に1問ずつ答え合わせをしない（**全て解いてから**）。
　●**復習**：間違った問題は問題集の問題番号に×を，解答に自信のない問題は△をしておき，優先的に復習する。
　＊復習は，「パワーアップノート」でも，「問題集の右端欄」でも，「自作単語帳」を作って行ってよい（が，**必ず毎回行うこと**）。
　＊授業の筆記演習中に教員がチェックして押印する（着実に4技能をアップするため確実に行うこと）。
(8) **自由英作文**は，英検サイトの過去問でモデル答案をイメージし，書き方は問題集から学ぶこと。

2 得点記録表

(1) 毎回，大問別に「**得点**」と「**正解率**」を記入します。（自分で強みと課題を認識するため。）
(2) 各問題の正解率（％）は，「分子（正答数）÷分母（問題数）×100」で計算します。

形式	R1 語法・文法	R2 会話文空所補充	R3 長文空所補充	R4 長文内容一致	W5 英作	L1 会話・応答	L2 会話・一致	L3 内容一致	合計
第1回	（　）点/20 （　）%	（　）点/5 （　）%	（　）点/5 （　）%	（　）点/7 （　）%		（　）点/10 （　）%	（　）点/10 （　）%	（　）点/10 （　）%	（　）点/70
分析 決意	【筆記合計】（　）点・（　）%					【リス合計】（　）点・（　）%			検印

形式	R1 語法・文法	R2 会話文空所補充	R3 長文空所補充	R4 長文内容一致	W5 英作	L1 会話・応答	L2 会話・一致	L3 内容一致	合計
第2回	（　）点/20 （　）%	（　）点/5 （　）%	（　）点/5 （　）%	（　）点/7 （　）%		（　）点/10 （　）%	（　）点/10 （　）%	（　）点/10 （　）%	（　）点/70
分析 決意	【筆記合計】（　）点・（　）%					【リス合計】（　）点・（　）%			検印

形式	R1 語法・文法	R2 会話文空所補充	R3 長文空所補充	R4 長文内容一致	W5 英作	L1 会話・応答	L2 会話・一致	L3 内容一致	合計
第3回	（　）点/20 （　）%	（　）点/5 （　）%	（　）点/5 （　）%	（　）点/7 （　）%		（　）点/10 （　）%	（　）点/10 （　）%	（　）点/10 （　）%	（　）点/70
分析 決意	【筆記合計】（　）点・（　）%					【リス合計】（　）点・（　）%			検印

03 効果絶大！パフォーマンス評価

「目標・テスト・学習」の流れで生徒に力がつく

授業で英語力をつけるために、「目標・テスト・学習の一体化」という考え方があります。

「目標」＝伸ばしたい力を設定したら、その目標を達成したかを測る「テスト」を先に作ってから、その力を達成できるように、授業内外の「学習」に落とし込んでいくと、目標が達成しやすくなります。

たとえば、次のような流れです。
① 「英語で１分間、即興で話し続ける力を育てたい」と願う（目標）
② 「英語で１分間、即興で話し続けるパフォーマンス評価」を先に作る（パフォーマンス評価の詳細や実施日を決める）
③ パフォーマンス評価の詳細を生徒に伝え、授業で一緒に練習する

パフォーマンス評価のメリット

パフォーマンス評価とは、スピーチやプレゼンなどの実演によって知識やスキルを使いこなすことを求める評価方法です。以下、パフォーマンス・テストを実施するメリットです。
- （生徒）テストがあるので練習への本気度が高まる（主体性アップ）
- （教師）テストがあるのでしっかり練習しようと思う

生徒と教師双方が取り組みに対して前向きのベクトルがそろうのです。
中学校学習指導要領解説（総則）でも、次のようにパフォーマンス評価の重要性が指摘されています。

「(前略) 資質・能力のバランスのとれた学習評価を行っていくためには、指導と評価の一体化を図る中で、論述やレポートの作成、発表、グループでの話合い、作品の制作等といった多様な活動を評価の対象とし、ペーパーテストの結果にとどまらない、多面的・多角的な評価を行っていくことが必要である」

■パフォーマンス・テスト実施のポイント

　パフォーマンス・テスト実施のポイントについて考えましょう。キーワードは「実施日の設定」と「ルーブリックの作成」の2つです。

①授業進度表に「パフォーマンステスト実施日」を明記する

　先ほど見たように、新しい取り組みを始める際にはそれを測るテストを先に考え、テスト内容や実施日を生徒に伝えて取り組むと効果的です。
　目標に向けた取り組みになるので、「なんとなく始めたけれど、いつの間にかやめてしまっていた」という状況を避けることにもつながります。

②評価用のルーブリックを作る

　あるパフォーマンスを評価するには、評価の「観点」や「基準」(および、これらの生徒への説明)が必要になります(観点は設定するねらいや生徒の発達段階によって異なります。詳細は次ページを参照してください)。
　たとえば、「1分間プレゼンテーション」(教科書の内容に新情報を加えて語る)では、「語数」と「正しさ」に加えて「内容」や「伝え方」も観点に入れると、より表現力を意識したものになります。これらの観点や基準は「ルーブリック」と呼ばれる表の形にまとめ、その評価基準は前もって生徒に示しておくことで、練習の質を意識的に高められます。

　「基礎・基本が不十分だからパフォーマンス評価は後で」と考えるのではなく、両者を同時に育成していくと考えるのがよいと思います。

04 評価が簡単に！ルーブリック評価

ルーブリックのメリットとは？

　ルーブリックとは、あるパフォーマンスを評価する際の「観点」や「レベル」「判断基準の説明」を表形式にまとめたものです（右ページ参照）。
　このルーブリックには、教員と生徒双方にメリットがあります。
- （教員）採点基準を先に作ることで、求めるレベルが明らかになる
- （教員）複数人数で評価しても採点がぶれにくい
- （教員）フィードバックをすぐに返せる（□に✔するなどして）
- （生徒）求められる観点やレベルをパフォーマンスの前に理解できる
- （生徒）返されたチェックを見るとフィードバックになる

ルーブリックの作り方

　ルーブリックは、多くの機会に活用できます。たとえば、「話す」活動なら描写やスピーチ、プレゼンテーション、インタビューやディスカッションなどで、また、「書く」活動では、日記や記事、エッセイなどです。
　一例を右ページに載せましたので参考にしてください。

　以下がルーブリック作成のポイントです。
① 課題を通して求めるスキルや要素の最高水準を考える
② 観点別に3段階で記述する（最高→最低→中間の順に記述する）
③ 数人分のパフォーマンスで評価してみて（必要なら）修正を加える

(1)【話すこと】Short Presentation（1分間で既習単元に新情報を加えてプレゼンする）の例

得点	A（7点）	B（5点）	C（3点）
①Fluency（語数）	□十分な量で説明している（80語以上）	□目標語数の半数以上で説明している（50〜79語）	□目標語数の半分に充たないが説明している（〜49語）
②Accuracy（正確さ）	□発音・文法・語法がほぼ適切である。（ミス2つまで）	□発音・文法・語法にミスはあるが伝わる。（ミス3つまで）	□ミスはあっても伝えようとしている。（ミス4つ以上）
③Delivery（伝え方）	□相手をひきつける巻き込みの工夫がある（巻き込みの工夫2つ以上，プレゼン資料あり）	□相手を意識して伝えようとしている。（巻き込みの工夫1つ以上）	□自分の意見を述べている。（プレゼン資料や巻き込みの工夫なし）

＊以下は，パフォーマンステストの説明の時に伝えておく（目標に対する主体的な準備を促す）。

(2)【書くこと】Essay（企業へのプレゼン原稿を60〜80語で書く）の例

	S（4点）	A（3点）	B（2点）	C（1点）	D（0点）
①Length		60〜80 words	45〜59 words, 81〜90 words	20〜44 words	0〜19 words
②Structure		Well organized	Ordinary	Nice try	
③Grammar	Almost perfect（〜2 major mistakes）	Understandable ①（〜4 major mistakes）	Understandable ②（〜6 major mistakes）	Difficult to understand（7 mistakes〜）	
				Total Score	/ 10

＊上記は，ALTに採点に関してお願いしたときのルーブリックの例である。
＊具体的な数値は，指導段階で変化させている。

ルーブリック評価のポイント

- 観点や配点は指導のねらいや時期によって大きく変える
- 記述はシンプルにしたほうが評価しやすい
- 数字を入れると1学年を複数教員で分担して評価したときにもブレが少なくなる

オススメ英語サイト④

E-CAT

英語の授業や家庭学習で使えるウェブサイトやアプリを紹介します。
第4回目は、「E-CAT」についてです。
http://www.ecatexam.com/

E-CATとは、English Conversational Ability Test の略称です。
　これは、アメリカの4技能テスト開発機関が英語学習に励む学生や社会人向けに開発した「英会話力」を測定するスピーキングテストです。

E-CATの特徴や使い方は以下の通りです。
① **E-CATは、テストに向けたスピーキング練習をすることを通して、英語が話せるようになるように作られている**
② **スピーキング練習用の公式動画がYouTubeに多数公開されている**
https://www.youtube.com/channel/UCsPPPweNJzi1CLDrFVqIcAQ
③ **設問は以下の6パートあり、さまざまな力を伸ばすことができる**
Part 1（自己紹介）／Part 2（音読）／Part 3（日常生活のトピックに関する3つのQ）／Part 4（写真描写）／Part 5（資料に関する3つのQ）／Part 6（意見に賛成か反対か、その理由と見解表明）

自宅でスピーキング練習ができる時代になっています。
ぜひ一度ご覧ください。スピーキング授業のヒントも得られます。

おわりに

「スピーキング指導についてまとめてみませんか」というお話をいただいてから、スピーキング指導について本気で考える日々が続きました。

よくよく考えてみると、中学校と高等学校の教員として、これまでスピーキング活動に力を入れて取り組んできたつもりではあるものの、書籍にまとめるとなると、活動紹介だけでは十分ではありません。

授業でスピーキング活動を成立させるには、その周辺要素についても考える必要がありました。たとえば、次のようなことです。

- 新指導要領におけるスピーキングの目標や活動は？
- 外部検定とスピーキングのかかわりは？
- ［やり取り］と［発表］の力を伸ばすスピーキング活動は？
- ふだんからできる基礎的なスピーキング練習メニューは？
- スピーキング指導を効果的にする考え方やコツは？
- プレゼンテーションやディスカッションなどのパフォーマンス評価はどうするか？
- スピーキング能力の向上につながる家庭での音声練習は？

本書では、これらをトータルに書きあげることにしました。

せっかくなので、この本ができあがった経緯を振り返ってみたいと思います。珍しくて貴重な記録になるかと思います。次の順です。

① 自分が書いてきた実践記録を読み直し、スピーキング指導に関する部分を抽出する（実践記録は、毎年100〜200ページほど）
② 抽出した項目を類似のものでグルーピングする
③ 目次案（プロット）を作ってみる。さらに必要な項目を考える
④ 書きやすい項目からどんどん書き始める
⑤ ある程度書いたら、目次（プロット）を見直す

⑥ 全体を読み直して整合性を図る（重複を避ける、関連先リンクを示す）
⑦ 全体の文体を調整する

　とはいえ、執筆作業にベストはありませんから、書いた項目の不備や新しい観点を見つけては関連文献で調べて修正する、の繰り返しです。
　こうして何とかできあがったのが、本書です。よいものができたと思います。

　本書は、多くの方々のおかげで完成しました。私は出会いに恵まれています。
　勤務校では、向井勝也校長先生、宮原敏典教頭先生（高校）、山口裕三教頭先生（中学）をはじめとして、皆さん優しく声をかけてくださる温かい環境に感謝しています。またALTのMitchell先生は、週末に本書の英文をチェックしてくれました。ありがとう。
　全国の先生方にも大変お世話になっております。恩人である山路英明校長先生、そのご縁でお会いできた東京の小寺令子先生。そして、英語教育・達人セミナーの谷口幸夫先生には、多くの発表やつながりの機会を与えていただいています。
　関西外国語大学の中嶋洋一先生には、中嶋塾の一員として、指導技術だけでなく教育観を持ち、理想に向けて現状を近づけるために不断の努力をする必要性を教わりました。
　地元広島でも、柳瀬陽介先生、樫葉みつ子先生（ともに広島大学）をはじめ、安海和枝先生（山口）、胡子美由紀先生、西巌弘先生にお世話になり、さらには、松本涼一先生（福島）、奥住桂先生（埼玉）、宮崎貴弘先生（神戸）、山岡大基先生（広島）には、3年間にわたって雑誌の連載をご一緒させていただき、多くの刺激と学びをいただき感謝しています。

また、英語教育・達人セミナーの達セミフレンズ、地元福山のBEKの仲間たちや中嶋塾の仲間たち、また、アメリカ・ポートランド研修の仲間たちとの出会いにも感謝しています。

　まだまだ多くの方々にお世話になっています。皆さん、本当にありがとうございます。

　まわりの先生方とともに、家族の支えにも助けられています。一緒に暮らしている父や母、妻、そして息子の翔平と娘のひかりにも感謝です。

　最後になりましたが、本書の発刊にあたっては、学陽書房の河野史香さんと福井香織さんに、東京のカフェでのミーティングをはじめとして、進行管理、書き方や内容の助言など多岐にわたって大変お世話になりました。ここに記して深く感謝したいと思います。

　本書が、読者の先生方の生徒さんが少しでも楽しんで英語を話せるようになる一翼を担うことができたら幸いです。

　本書を最後までお読みいただき、ありがとうございました。

2018年7月

上山　晋平

主要参考文献

- 赤坂真二『最高の学級づくりパーフェクトガイド 指導力のある教師が知っていること』(明治図書、2018)
- 上原雅子『大学入試「英語4技能」試験対策 Speakingスキルが高まる必修ポイント8』(くもん出版、2017)
- 『英語教育』(大修館書店月刊誌)
- 胡子美由紀『英語授業ルール&活動アイデア35』(明治図書、2011)
- エドワード・L・デシ、リチャード・フラスト著、桜井茂男監訳『人を伸ばす力 内発と自律のすすめ』(新曜社、1999)
- 太田洋・柳井智彦『"英語で会話"を楽しむ中学生』(明治図書、2003)
- 尾関直子「特集 小・中・高等学校における学習評価のあり方を考える」『英語情報2017winter』
- 金子朝子、松浦伸和編著『中学校新学習指導要領の展開 平成29年版 外国語編』(明治図書、2017)
- 上山晋平『英語教師のためのアクティブ・ラーニングガイドブック』(明治図書、2016)
- 上山晋平『英語家庭学習指導ガイドブック』(明治図書、2011)
- 上山晋平『高校教師のための学級経営365日のパーフェクトガイド』(明治図書、2015)
- 語学教育研究所編『英語指導技術ガイドQ&A』(開拓社、2014)
- スー・F・ヤング、ロバート・J・ウィルソン著、小野恵子訳『「主体的学び」につなげる評価と学習方法 カナダで実践されるICEモデル』(東信堂、2013)
- 瀧沢広人『中学生を英語授業にノセル裏技49』(明治図書、1999)
- 瀧沢広人編『楽しい英語授業12 話す力がつくスピーキング指導の極意』(明治図書、1997)
- 中嶋洋一編『「プロ教師」に学ぶ真のアクティブ・ラーニング』(開隆堂、2017)
- 永田豊志『あらゆる問題を解決できる フレームワーク図鑑』(KADOKAWAメディアファクトリー、2015)
- 西巌弘『ワードカウンターを活用した驚異のスピーキング活動22』(明治図書、2010)
- 本多敏幸『到達目標に向けての指導と評価』(教育出版、2003)
- 文部科学省『中学校学習指導要領(平成29年告示)解説 外国語編』(開隆堂、2018)
- 山岡大基『英語ライティングの原理原則』(テイエス企画、2018)
- 山本崇雄『「教えない授業」から生まれた英語教科書 魔法のレシピ』(三省堂、2017)

著者紹介

上山晋平（かみやま・しんぺい）

　1978年広島県福山市生まれ。広島県立福山誠之館高等学校卒業後、山口大学教育学部入学。2000年からオーストラリア・キャンベラ大学に交換留学。その後、庄原市立東城中学校、中高一貫校の福山市立福山中学校に勤務。2009年から同校の高校教諭となり、中学・高校の英語授業を担当。英語教育・達人セミナーや研究会、校内研修、学会、ALT研修会等の各種研修会で発表を行う。

　著書に、『英語教師のためのアクティブ・ラーニングガイドブック』（明治図書）、『高校教師のための学級経営365日のパーフェクトガイド』（明治図書）、『英語家庭学習指導ガイドブック』（明治図書）、『英語テストづくり＆指導完全ガイドブック』（編著、明治図書）、『Think & Quest キミが学びを深める英語1』（共著、ラーンズ）、『中学英語！到達目標に達しない生徒への指導支援』（共著、明治図書）、『英語教師は楽しい』（共著、ひつじ書房）、『成長する英語教師を目指して　新人教師・学生時代に読んでおきたい教師の語り』（共著、ひつじ書房）があり、DVDに『意欲アップ！習慣定着！楽しくて力のつく家庭学習法』』（ジャパンライム）、『ライブ！英語教育・達人セミナー in 広島・福山〜Activeな授業づくりをめざした実践例〜』（ジャパンライム）がある。月刊『英語教育』（大修館）で2015〜2017年に連載担当。中学校検定教科書『Here We Go!』（光村図書）編集委員。

はじめてでもすぐ実践できる!
中学・高校 英語スピーキング指導

2018年7月18日 初版発行
2021年9月2日 4刷発行

著　者	上山　晋平
発行者	佐久間重嘉
発行所	学 陽 書 房

〒102-0072　東京都千代田区飯田橋1-9-3
営業部／電話　03-3261-1111　FAX　03-5211-3300
編集部／電話　03-3261-1112
http://www.gakuyo.co.jp/

ブックデザイン／スタジオダンク
イラスト／尾代ゆうこ
DTP制作／ニシ工芸
印刷・製本／三省堂印刷

Ⓒ Shimpei Kamiyama 2018, Printed in Japan　ISBN 978-4-313-65353-5 C0037
乱丁・落丁本は、送料小社負担にてお取り替え致します。

JCOPY〈出版者著作権管理機構　委託出版物〉
本書の無断複製は著作権法上での例外を除き禁じられています。複製される場合は、そのつど事前に出版者著作権管理機構（電話03-5244-5088、FAX 03-5244-5089、e-mail: info@jcopy.or.jp）の許諾を得てください。

大好評! 学陽書房の本

実践事例でわかる!
アクティブ・ラーニングの学習評価

田中博之　著

新学習指導要領に対応した学習評価がよくわかる!
アクティブ・ラーニングの授業における自己評価や相互評価、教科別評価などの情報が満載!
さらに、定期考査の改善方法や学力調査の活用方法などさまざまなシーンにも対応。

定価＝本体2000円＋税